INK

我的最愛——1979年開釋後與父親（右一）、我（中立者）、愛妻憲子（左一）、冠宏（長子八歲）、冠宇（長女三歲）攝於春秋墓園（父親希望長眠之處）。

我（中戴帽者）與名作家陳映眞（右）於1957年劉自然事件時留影。

生母郭然攝於1931年（第一排坐者左起第一位）。

四歲的我，攝於1941年日本岡山市。左起姊姊、堂姊、我和父親。

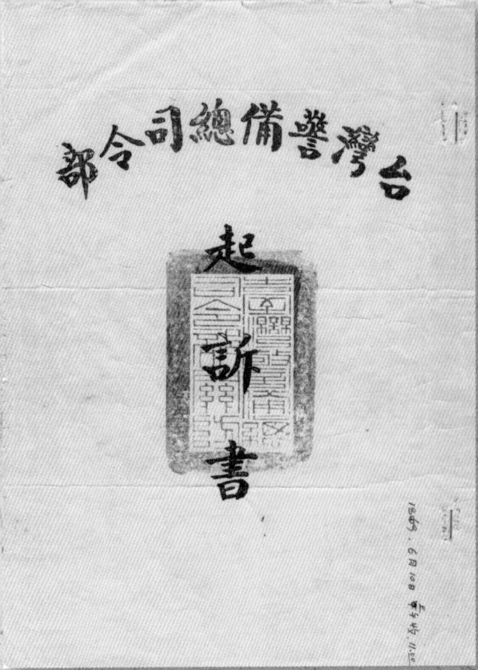

台灣警備總司令部

起訴書

1969.6月10日

惟一死刑起訴書（1969年6月6日）。

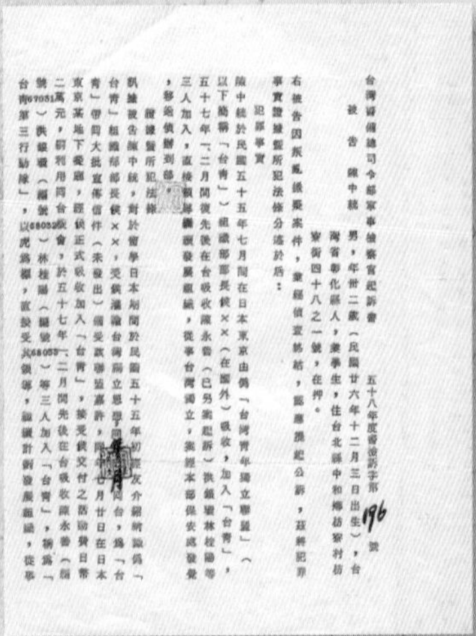

台灣警備總司令部軍事檢察官起訴書　五十八年度審檢訴字第196號

被告　陳中統　男，年卅二歲（民國廿六年十二月三日出生），台灣省彰化縣人，業學生，住台北縣中和鄉枋寮村枋寮街四十八之一號，在押。

右被告因叛亂嫌疑案件，業經偵查終結，認應提起公訴，茲將犯罪事實證據暨所犯法條分述於后：

犯罪事實

陳中統於民國五十五年七月間在日本東京由偽「台灣青年獨立聯盟」（以下簡稱「台青」）組織部部長侯××（在國外）吸收，加入「台青」，五十七年一、二月間復先後在台吸收陳永善（已另案起訴）洪維和林枝陽等三人加入，直接領導擴展叛亂組織，從事台灣獨立，案經本部保安處發覺，移送偵辦到部。

證據暨所犯法條

訊據被告陳中統，對於留學日本期間於民國五十五年初經友介紹納識偽「台青」組織部部長侯××，受其灌輸台獨思想，同[illegible]台，為「台青」帶回大批宣傳信件（未發出）備受其器重嘉許，同[illegible]七月廿日在日本東京某地下委總，經侯正式吸收加入「台青」，接受侯交付之活動費日幣二萬元，研判用同台[illegible]會，於五十七年一、二月間先後在台吸收陳永善（編號）洪維和（編號以68052）林枝陽（編號68053）等三人加入「台青」，稱為「台青67051第三行動隊」，以虎為標，並設受其領導，組織計劃發展組織，從事

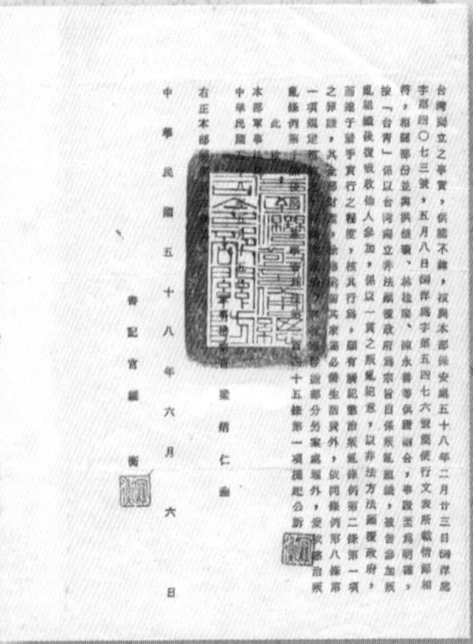

台灣獨立之事實，供認不諱，核與本部保安處五十八年二月廿三日保存處字第四〇七三號，五月八日保存處字第五四七六號函併行文表所載情節相符，相關部份並與洪維和、林枝陽、陳永善等供證吻合，事證至為明確，按「台青」係以台灣獨立非法顛覆政府為宗旨自係叛亂組織，被告參加叛亂組織後復吸收他人參加，係以一貫之叛亂犯意，以非法方法顛覆政府，而著手實行之程度，核其行為，顯有觸犯懲治叛亂條例第二條第一項之罪嫌，其全部財產，除酌留其家屬必需生活費外，依同條例第八條第一項規定[illegible]部分另案處理外，爰依懲治叛亂條例第十[illegible]十五條第一項提起公訴

此致

本部軍事[illegible]

中華民國[illegible]　梁錫仁

右正本[illegible]

中華民國五十八年六月六日

書記官[illegible]衡

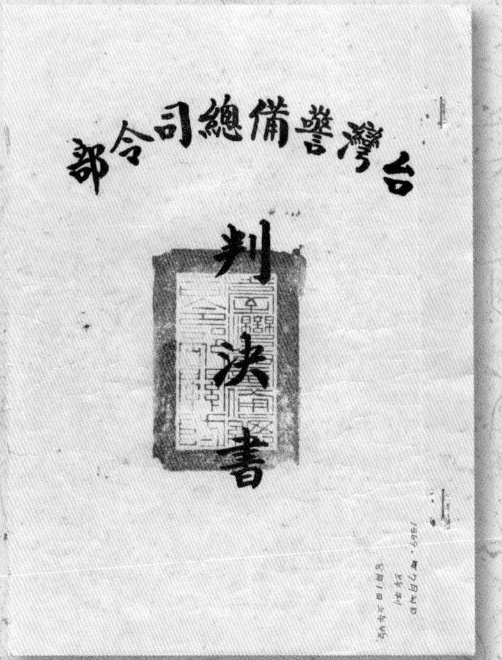

十五年有期徒刑判決書。（宣判當日爲1969年7月21日，與阿姆斯壯登陸月球同一天！壯哉！）

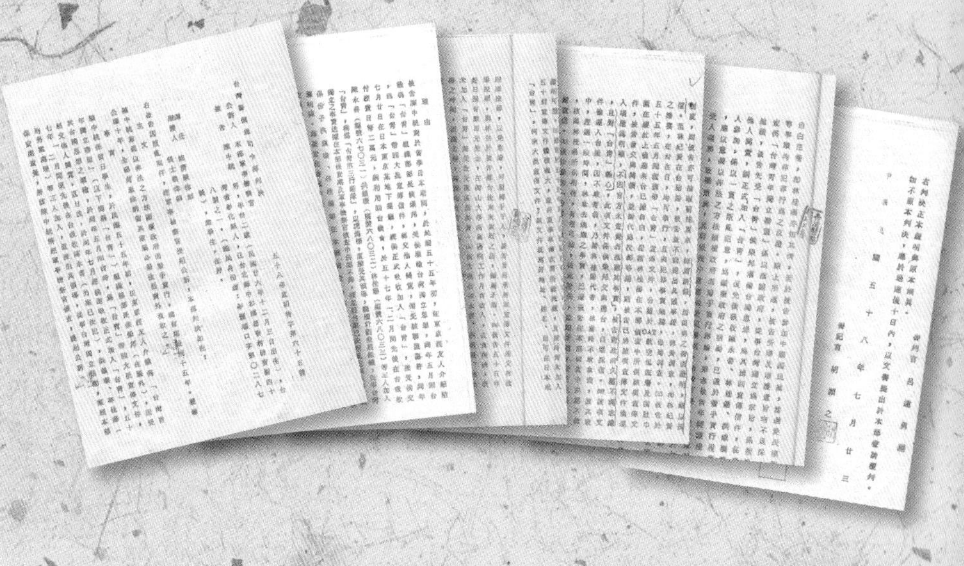

1967年攝於日本岡山大學（後排左起第二位爲作者）。

俏麗的愛妻蔡憲子，攝於1968年。

1969年2月6日結婚照。

警總景美看守所正門。

陪我十七年的貓——阿里。

警總景美看守所押房一隅，我度過三千六百五十個漫漫長夜的地方。

作者陳中統伉儷（左起二位）與國際扶輪總社社長Ray Klinginsmith伉儷（右起二位）攝於2010年1月18日—24日總監當選人國際講習會 （International Assembly） San Diego, CA. USA。

全家福。左起女兒冠宇、兒子冠宏、我、愛妻憲子，攝於2006年西藏拉薩布達拉宮前。

People ⑩

生命的關懷

陳中統 著

序

陳映真

讀了陳中統兄《生命的關懷》的書後，不由得想起了我們同在一個中學讀書的少年時代。

早在那青澀的少年時代，中統兄就對他的同儕表現出他過人的魅力。他對朋友的熱情，關懷備至。他說話詼諧，總是引人開懷。他也拉幫和校外生打架，但那時候的學生「好漢」打架，沒聽說用刀用暗器，更沒聽說嗑藥飆車。他不十分用功，但功課總是不差。他在學校附近一家湯圓攤子請我們吃紅豆湯圓，自己則躲著訓導和教官抽菸。女孩子特別喜歡他，但別看他看起來逢場作戲，他也幾次爲情苦痛憂悒，甚至也爲情剃去三千煩惱絲，理個光頭，背著書包，踽踽行走。

那時我既不會打架，也不會抽菸。然而我們卻成爲少年莫逆。一九五七年，台北爆發了劉自然事件所點燃的群眾反美運動。我們學校居然由老師帶隊到美使館去抗議。適巧那天下午我倆遲到，沒跟上大隊，靈機一動，我們拆下教室裡的布告牌，製作了抗議標語，參加了人山人海的抗議現場。這就可見我們的調皮和少年兄弟的情分。

中學畢業，他上了台大，不久又聽說他到高雄醫學院去了，就此七、八年間，倘若沒有記錯，我們竟不曾相見。一直到一九六三年他到台北實習，我去醫院看他，我在一旁看著他巡病房時，看到他不論和老、少、男、女病人無不笑語詼諧，親切診問；看著那些病苦之人因他的出現所綻開的即使不免疲憊的、熱切的笑顏，我想起了眼前的這個陳中統醫師在少年時代就已經表現出來的喜人、暖人的魅力。

未幾，中統兄忽一日告訴我，他已經準備好了出國留學。臨別之際，我告訴他我的家境不可能也讓我到國外留學。「你是我的好朋友，我就把我一雙眼睛和一個頭腦寄在你那兒，希望你在自由的日本，也能替代我多讀、多想。」我說。

原來在那時候，我已因耽讀舊書攤上買來的禁書，思想早已左傾。然而即使是知交，在那時代，我也不曾向中統兄透露我的思想。我那一番送別的話，是想到我在台灣讀了幾本書

（其中有幾本是日語寫的）就使我豁然改變了思想，料想在「自由」的日本，只要中統兄有追求之心，也一定會在思想領域上大踏步前進罷。

一九六五年秋天，中統兄回來探親，在一個夜晚，他向我透露了他主張台灣獨立的立場，也給了我一些宣傳品。這是我萬萬不曾料到的結果。然而，由於更容易理解的原因，我還是沒有向他表白我與他完全相反的政治立場和道路。

一九六八年夏天，我和一些讀書小組的朋友們突然被捕。經過半年的祕密偵訊和審問，在一九六八年十二月被判徒刑十年定讞。

越年，我在軍法處看守所押房裡聽到新送來的政治犯說起警總保安處押著一個「到日本讀書的醫師，名叫陳中統」時，十分震驚。未幾，我在外役分送犯人向福利社購買的日用品時的點名聲中，聽見了「陳中統」三個字。陳中統兄從保安處送看守所來了。

記得我立刻請福利社代我送去幾樣生活用品。不久他也回贈，由於押房離得近，常常聽見他用日語對我打氣。「保重啊！」他說。

一九七〇年一個料峭的春日，我和一批人在嚴重軍事戒備下被送台東泰源監獄。被遷徙的囚人隊伍帶著行囊走過監獄中庭，猛一抬頭，竟然看見在大樓押房窗口上趴著中統兄。「保重啊！」不顧違反監紀，他用日語對我呼喊。我笑著向他揮了揮手，被推上了一輛軍用大卡車。

這以後，我在一九七五年出獄，中統兄在一九七九年出獄。在幾次高中同學會中我們又重逢了。他看來依然結實煥發，頭髮卻理得很光鮮整齊。他仍舊對朋友熱情洋溢，關懷備至。他也依舊喜歡（即使當著他那賢慧的夫人）講葷笑話，妙語如珠。但他卻對於我和他不同的政治見解表現出一種動人的、體貼的尊重。我們各不掩諱各自不同的觀點，卻也絕不以政治話題使我們自少年時代以來的眞摯的友情受到損害。人與人的關係，摯友與摯友之間的關係，對我們而言，永遠擺在政治立場之前。

而這就集中地表現出陳中統兄熱誠、友愛、懇切而善良的喜人的風格。

是以我懷抱著少小以來最深的友情，欣然遵囑，爲中統兄的第一本書作序。

二〇〇二年五月

序

賴勁麟

陳中統醫師把保存多年的獄中札記匯集整理成一本可歌可泣的大作——「生命的關懷」，他把這本書的打字稿送我過目，並交代寫一序文，我甚感惶恐，並向陳醫師表達序文是否應請一些政治前輩為文較適當，我這個政治後輩應沒有資格幫陳醫師寫序文。但，陳醫師表示，序文只找在中學時代的同窗好友也是良心犯的陳映眞（陳永善）先生和我寫序文，希望我不要推辭，我想陳醫師的關愛和好意，我是推辭不掉的，只好恭敬不如從命。

陳醫師在中和是一位人人尊敬的名醫和良心犯，也因為這個緣故才有機會認識他，他的個性樂觀豁達、機智幽默、樂於助人、人緣極佳。我常找陳醫師請教一些事情，他總是熱情傾囊相授，在上次立法委員選舉中並應允擔任我後援會會長，使我在激烈的選戰中，得到莫大的鼓勵與幫助。

在三十二歲生命最精華的階段，陳醫師即將完成日本醫學博士學位之際，因父急症住院，侍親至孝的他，匆忙返國探父病，並與蔡憲子女士結婚，不到一個月，尚在蜜月期，在沒有心理準備的情況下，遭受情治單位非法逮捕，指控爲「叛亂犯」，並以軍法審判，初審起訴爲唯一死刑，這對陳醫師及其家庭無異是晴天霹靂，後經上訴改判爲十五年有期徒刑，歷經如此的苦難，陳醫師以其豁達的心胸、精煉順暢的文筆，爲台灣政治史做一個活生生的見證。在書中我們可以看到堅毅不拔、機智幽默、熱愛生命及其親人的陳醫師，也看到陳太太蔡憲子女士含辛茹苦及其家人全力支持。看完這本書讓我們對時代的苦難有更深刻的了解，也會更加珍惜得來不易的自由與民主。

二〇〇二年五月

自序

不是自傳，不是回憶錄，是我坐牢的片段，是人生中的點滴，是我的過去，是我的經歷，當然，不能算是歷史，也許，對我們住過的台灣，留點痕跡。

人生如夢，何曾夢覺？一個人，在這世界，在這時代的大輪子底下，不過是一顆塵沙、微小的粒子，輾過、壓過，什麼也不會留下來。

生爲一個人，要的是什麼？求的是什麼？何謂幸福，何謂快樂。這些問題常令我困惑，也讓我不知道何去何從。喝杯酒吧！醉吧！睡吧！讓世俗的一切，在醉夢中消逝。

從警備總司令部軍法處看守所夾帶出來的、泛黃的、殘缺的、模糊的日記裡，細細品味著三十年前，退色的記憶，讓我有如隔世。沒有烏雲、沒有狂風、沒有暴雨，那來美麗燦爛的彩虹。誠如斯言！

在此僅以十二萬分的感激和無以言喻的謝忱，將這本書獻給我的另一半——蔡憲子，沒有她的犧牲、支持和鼓勵，我怎能度過那三千六百五十個漫漫的長夜？謝謝我敬愛的父親陳朝安和親朋好友，沒有他們的溫情和聲援，根本沒有提筆的勇氣，在此一併致謝！

二〇〇二年　五月

於台灣　台北　中和

陳中統

編者的話

張寶樂

這本書不是陳中統的傳記，只是一段生命中挫折與波瀾記敘，其中雖有慨嘆，卻不是悲情與怨懟。

新婚不足滿月，即遭白色恐怖的牢獄之災。將他從天堂踐進地獄，若非他身體中本就流著充滿熱情與達觀的血液，豈能接納驟來的無情衝激巨變。

然而，他以無畏的心胸承受橫逆。

他以坦蕩的志節面對凌辱。

他以堅毅的精神克勝暴戾。

他以慈柔的氣度融合環境。

他以寬容的情懷化解仇恨。

在他十年的牢獄劫難後，當時看管他的一群人，成爲至交好友，當年的典獄長之子成爲他的義子。

同時他又娓娓地寫下一段奇妙的「兩個小生命」故事，這故事雖屬於個人，卻蘊藏著一股值得感染人心的豪情——生命中最可貴的不是相互仇讎，而是彼此諒解與關懷。

現在，陳中統是懸壺濟世的杏林名榜，是以助人爲常務的扶輪社社員，這本書雖平鋪直述，卻可呈現出陳中統眞正的內心世界，對父母和妻子的摯愛和對社會與生命的無限關懷。

二〇〇二年五月

【目錄】

序／陳映貞 003
序／賴勁麟 007
自序 009
編者的話／張寶樂 011
歌頌生命曲 015
第一章 自由前奏曲 019
第二章 悲歡協奏曲 025
第三章 疲勞審問進行曲 037
第四章 往事與現實交錯的「夢幻」 057
第五章 阿爸阿母悲愴淒迷的愛情 071
第六章 「中統套房」的希望、等待！ 083
第七章 「罪人」的「博愛」牢房 093
第八章 景美牢房的愛與死 103

第九章　起訴與等待　115
第十章　死囚的槍決輓歌　127
第十一章　調服外役　139
第十二章　調查局處長蔣海容自殺　151
第十三章　蔡添樹逃獄成功　163
第十四章　第二個五年　173
第十五章　醫務室「地下主任」　191
第十六章　康所長及徐所長　197
第十七章　獄中生子　205
第十八章　小貓阿里　215
第十九章　李宗藩是「反間」？　225
第二十章　警總軍法處看守所　235
第二十一章　刑滿出獄　241

歌頌生命曲

歲月易逝、韶華易老；在時間的長河中，我已漂流了六十多個年頭。回想在這六十多年日子，多少喜怒哀樂、多少酸、甜、苦、辣，眞夠得上五味雜陳！更由於隨著自我意識、獨立思考能力的成長，在這生命的長河裡，譜出了難忘的記憶。誠如蘇軾所寫：「月有陰晴圓缺、人有悲歡離合，此事古難全。」

對我而言，從小學到大學，一路走來可說是平順無波。但，一如西方哲人培根所云：「知識即力量」正因爲自己隨著知識的推動，產生對生命價値的重新認識。以致當我高中畢業，考上台大農學院，只讀了一年，便轉考高雄醫學院繼承了先父的醫師家業，因爲先父是在從事教育工作之後，轉而學醫。他認爲做一名醫師，不但要能醫治人肉體上的疾病，更要能醫治人的心靈，可使人心的脈動，走向求眞、求善、求美的征途。

高雄醫學院畢業，我在小金門服預備軍官役，那段日子裡，使我思考到人的價值，難道就是爲了達到某些人的政治目標，而將更多的人民當作象棋中的小卒、小兵去衝鋒陷陣，美其名爲民主而戰，爲自由而戰？在我服完預備軍官役之後，在省立台北醫院（現市立中興醫院）又做半載的住院醫師，更增加了我去追求更高的醫學造詣。在先父的鼓勵與支持下，我又回到曾度過童年生活的日本，到日本國立岡山大學醫學院研究所深造。在四年的日子裡，一面學習、一面看到日本社會的轉變。二次世界大戰之後，君主立憲的國家，已改變了原有的面貌。學生以及群眾的社會運動，蓬勃發展的聲勢，影響到我對自己國家的民主、自由深度的思考。因此，不必諱言，我有了重大的思想轉變。

就在我思想轉變的歷程，與志同道合的朋友們，高談闊論的當時，沒想到自己國家的職業留學生，竟將我們的言論當作了不起的情報，向當局情治機關打了報告，列入黑名單中，視爲「叛亂分子」，自己還被蒙在鼓裡。當我即將學成歸國，與我的內人憲子完婚不及蜜月之期，竟在一九六九年二月二十一日之夜被傳喚到管區派出所，警總保安處已有所謂保防官員在等候我了。這一傳喚，將我最美好的歲月，三十二歲到四十二歲十年的時光，在台灣警備總司令部軍法處景美看守所中度過。白色恐怖的後期，依然和光復初期二二八事變後的台灣並無相異。

人類本來就與其他動物不同，被稱之爲萬物之靈，該是人具有智慧的頭腦和雙手的能耐。人更不是蜜蜂和螞蟻，在蜂后與蟻王一聲令下，成爲專門侍候某一君王或某一人的生產工具。思想模式，更不可能完全「統一」的。以威脅、利誘，產生的樣本，全係自欺欺人、自騙騙人，阿Q式的勝利。

在那失去自由的十年生活中，使我生命裡有了重大的轉捩。最初的時刻，人性本然，使我懷有恐懼、不安、不知未來將有怎樣的結果。因爲在那不合理的年代，應該存在的被泯滅、不該存在的卻得到繁榮滋長。另一方面，也使我喪失自我應有的尊嚴，彷彿自己的面子，被踩在地上，任憑權威踐踏、蹂躪。

同時，也在那漫長度日如年的「囚徒」生涯中，使我看到人性的善良與美，這正面的圖像，使我更加熱愛生命、眷戀對生於斯、長於斯土地的愛戀。當然，我也看到人性的醜態與罪惡，這些負面材料，眞正追究，亦有其不得不存在的苦衷。尤其在獨裁者控制下的「鷹犬」，爲了生活、爲了生存，成爲宰割自由的幫手和代罪羔羊。以朋友兄弟的眼光看待他們，心中的塊壘，亦就釋然。

事過境遷的今天，我寫下這些事蹟，並沒有懷著怨恨的心情，更不是情緒性的發洩。我不是英雄、也不是豪傑，個人只是一名醫師，平凡如我僅以大愛精神，寫下個人生命以及生父那一代所經歷的片段及影像，作爲平凡人物的歷史紀錄，可使我的子孫和後代，能自這些笑中有淚、淚中有笑的文字中，看到某一時代的縮影。

不是有人說過：「人生如戲」、也有人說：「人生如夢」；不論是戲、是夢，短短的數十年生命，確實如戲也如夢。等到兩手一攤、兩腿一伸，戲也落幕、夢已成空。過去，有一首流行歌曲：《生命如花籃》，這首歌以花籃來比喻生命，深加思索，倒滿貼切。在生命的花籃中，有的花朵綻放清香，或是鮮豔盛開奔放；而有的花朵還在苞蕾來不及綻放，便已凋萎謝落或是花瓣零落四散。以花朵比喻生命，芸芸眾生，何嘗不如是。

中外古今，政治權威主宰了多少生命的存在與泯滅。翻開人類的大歷史，我們看到多少本是具有貢獻價值的生命，卻在權威的壓力下夭折，而某些權傾一時專制帝王或統治者，活著時八面威風，塑造了人爲的「神像」，但，也逃不了人生的終站——死亡。故而，我以一名醫師的立場，看待生命的存在與死亡，倒是一派樂天主義者。來時偶然、去時必然。能爲自己留下些微紀事，豈不是人生一大快事？

第一章 自由前奏曲

自由！什麼是自由？它可是看不見、摸不著的無形鑽石。人們在日常生活中，忙忙碌碌，爲衣食勞碌奔波，追尋自我的理想生活；大部分人可能沒想到自由自在、無拘無束的可貴。只要衣食無缺、全家人團聚在一起，享受天倫之樂便感到心滿意足。至於什麼國家事、天下事自然有「大個兒」去頂、去挺。什麼民主、什麼封建、什麼專制、管他個什麼。

傳統的觀念：「只掃自家門前雪、休管他人瓦上霜。」根深蒂固種植在國人的心底。個人如此、社會如此、群體如此。於是少數掌握政治權力者，以獨裁者的意志，強加在人民頭上「領袖」的意志爲意志、以「領袖」的思維爲思維；換句話說，不允許個人有獨立思考的能力。一如現在製造複製羊、牛、猴……一般，來一個「複製人」。讓各個個體統一「一體」之下。

非常不幸，翻開台灣近百年歷史，光是在日本殖民統治時代，台灣成爲清國奴，是日本的二等國民。縱使有所建設，並不是以福祉爲第一優先，而是在利用台灣的產値、台灣人民的勞動力，作爲帝國擴張南下東南亞勢力的跳板。

五十年過去了，台灣人民流了眼淚、流盡了鮮血，前仆後繼的抗日事件，史蹟斑斑可循。好不容易在一九四五年，第二次世界大戰結束。台灣重返中國懷抱，當其時，台灣人民以熱烈的心情，擁抱祖國；恍如離散的遊子，又回到母親懷抱。可是，一瞬間，祖國大陸爆發了國民黨政權與共產黨政權的內戰之亂。而接收台灣土地的國民黨官吏，卻視台灣人民爲優收的對象。第二次世界大戰的結束，並未給台灣人民帶來想像中的福祉，反而比二次世界大戰期間生活得更爲艱辛和痛苦。一瞬間的美夢，終於在一九四七年二月二十八日，點燃了台灣人民抗拒國民黨統治的火把。種下日後本省、外省族群的對立。直到五十多年後的今天，還有少數教義派，仍然有所謂的省籍情結。

一九四九年冬，國民黨在大陸的統治權，徹底的崩潰、瓦解。蔣介石帶領「殘兵敗將」，「轉進」到台灣。高喊：「一年準備、二年反攻、三年掃蕩、五年成功。」這種阿Q式的想法，全然是愚民的神話。但，對台灣內部統治，則是以恐怖方式壓制。人民根本失去一切的自由，台灣寶島成爲一座「大囚牢」，除了國民黨高官及少數既得利益、擁有特權的人，可以前往國外，大多數人民是「離此一步，即無死所」。

不只是人身自由，只能在這三萬六千平方公里之內活動，甚至居住在台灣的人民，如果要到金、馬、澎湖等外島，也受到限制；反之，外島的百姓要來台灣，也受到管制。當其時，我還是一個初中學生，並沒有覺得不好，可是，及至我讀完高中、考入大學、服完預備軍官役、留學日本之後，我的思想有了極大的轉變，深思熟慮，我認爲每個人應該都有自己的思維方式，民主更不是以某人意志來僵化他人的意志，任何人，不可能被塑造爲「神祇」。

世界進步到二十世紀末，新世紀到來的今天，應該不再有所謂「政治犯」、「思想犯」的存在。尤其「思想犯」更是專制極權統治者加諸於個人思想上莫名其妙的「罪名」，並且予以逮捕、拘押、起訴、判刑……讓沒有任何罪的人，失去人身自由、鐐銬心靈的飛翔；在國民黨統治的五十多年中，不知多少冤、錯、假案，製造了難以罄書的悲劇。

我何其不幸？正因爲個人思想上的理念，不合乎當權者的「胃口」，在那六十年代被囚禁了十年歲月（判刑十五年）直到失去自由的那天，我方深深感到自由的可貴。自由可說是無價之寶，擁有它的時候，並不覺得它的可貴，感受不到它濃烈的愛，一旦失去了自由，只僅僅是「禁錮」個體的，卻已將人的肉體和心靈，糟蹋得一文不值了。

我又何其有幸？能夠身歷其境，品嘗到失去自由的滋味。在那人心善與惡分明的時代，使我深深體會到人情的溫暖。正因爲我被戴上一頂思想上「叛國」的罪名，我的親人與不少朋友，並不避嫌的支持我、協助我，更有一些關押看守我的官員，也能給予關懷，直到獲得自由二十年後的今天，成爲時相往返的朋友。當然，在失去自由的歲月中，也有不少親朋好友，與我劃清界限，不敢與我接觸。我不能說這是惡的表現，爲了明哲保身，自有他們難言的苦衷，是值得諒解。但，人情冷暖，如同寒天飲水，冷暖自知。

或許，我是醫師，具有診療疾病的醫學專長，在判決定案後，在景美看守所調服外役，爲病患難友診療，以及看守所內官兵傷風了、感冒了，我也悉心爲他們診療「把脈」，有時候也能「往診」，能與新婚妻子在外見面。李敖先生曾經在一篇文章，提起這些事，正因爲某些難友能獲此幸運，才能偶與妻子「相聚」，不至失去生兒育女的憾事。

當其時，很多難友非常羨慕我的幸運，儘管如是，漫長十年歲月，心靈的憔悴，日日夜夜的煎熬，事實是與他們同樣的。到了過滿十年「囚徒生涯」，減刑出獄的五年之中，身心依然被無形的「牢獄」監視。所謂：「生命誠可貴，愛情價更高，若爲自由故，兩者皆可拋。」這樣高貴情操，平凡如我只能仰之彌高。再翻開法國大革命史，我們也可看到自由的本質，若是將自由變成殺戮的藉口，民粹而教條式爛用的話，就難怪羅曼羅蘭夫人在臨上斷頭台之前，不得不如此說：「自由！自由！多少罪惡假汝名而行之。」

儘管如是，我仍不得不高歌自由的可貴。如今，我能振筆疾書，寫下個人生命重要的旅程，豈不是自由的賜予。假使，今天的環境仍和二十年前一樣，我豈能寫出「囚徒生涯」的種種切切，我可以大聲高喊「我無罪」？確實我是無罪的！權力壓制了我的理念，權力判決了我的理念有罪，使我失去了十年自由。縱使我心不甘、情不願，也不得不向權威「降服」，「乖乖的」、「逆來順受」度過那十年的日子。

我的理念，也許很多親朋好友不予贊同；可惜，他們未能了解到我的理念，是隨著時間的成長而改變。我能容忍親朋好友反對我的理念，如同西哲所說：「我反對你說的理念，但是我能接受你說出你理念的自由。」這就是言論自由的可貴。

回顧我六十多年生命旅程，不無深切感嘆生命的變化和無常。握筆撰稿的此刻，如同「開麥拉」兩板一拍，一幕幕的情景，歷歷在目，一幕幕在腦海的銀幕上放映。科技發達的今天，電腦已是大多數人不可缺少的「依賴品」，有的人認爲，未來的世界，文字可能失去應有的作用。這樣的觀念，我是不以爲然，如果沒有人腦，又那能發明了電腦，即使電腦再

「聰明」，同樣要輸入文字作爲記載，喪失了文字，亦就喪失了記錄的能力。

所謂文思泉湧，倚馬千言，對我來說，是一件很辛苦的事。平時我在從事醫療工作，對患有病痛的厝邊鄰居，我總盡心盡力，發揮醫道、醫德大愛精神。雖然，多年以前就想抽出時間作一番詳盡記錄。但是，時間的緊湊，只能匆匆忙忙的寫下片言隻字的概略。如今，深深覺得人生變化多端，再不詳細的留下生命感懷，愧對生我、育我的父母；愧對三十多年來支持我、幫助我的愛妻，以及美國或日本的姊姊、妹妹和弟弟。更重要的是使我一子一女能了解、明白爲父的我，是在怎樣的歲月中，邁向征途。於是，我利用休息時間和某些夜晚，靜靜獨坐深思，字字句句的寫出我的心聲！

在此，我吶喊，自由！自由！我願永遠擁抱自由！

第二章　悲歡協奏曲

一九六九年二月二十一日　中和鄉（結婚、逮捕）

一九六八年十二月，我在日本岡山大學醫學院，專攻癌症的治療和血液學，俾能繼承父親的志業。到日本的第一年就考上了日本醫師國家考試。孜孜屹屹的努力，埋首研究人體骨髓培養及各種藥物的影響，只差半載，便可獲得學位，回歸家鄉，使父親以我爲榮。

誰知在這當兒，接到三母舅劉添貴醫師來的電報，只有短短的五個字：「父病危速回。」這一通急電，立即使我整個心神都忐忑不安。

父親一生坎坷，艱苦中求學有成，和母親有著一段淒美的愛情，但母親卻不幸因病早逝，每當向姊姊、我以及妹妹談到，都不禁老淚縱橫。爲了兒女幼小，當年，求學台中師範的好同學劉添貴，後來也到日本岩手醫科大學習醫。見到父親愛妻過世，兒女幼小，父兼母職，又在日本求學習醫。介紹自己的妹妹劉滿妹嫁給父親，也就是我二媽陪伴父親，帶著我們姊弟兩人（大妹瑞麗留在台灣給祖母養護）又赴日本，使我的童年在日本度過，那正是二次世界大戰期間一九四〇年左右的事。

接到急電，我自然顧不得未完成的學業，爲了要見父親最後一面，根本未考慮到其他問題。歸心似箭，當即買了機票，飛返台灣，探視父親。一下機場，家人都已在大廳接機。一路由台北松山機場（當時桃園國際機場尚未興建）直奔台大醫院，從姊夫、姊姊以及三舅口裡方知父親所患的是腎結石，由於第一次手術欠佳，發生危險，後又進行第二次手術。我返抵國門之日，在眾醫悉心療治下，已轉危爲安，聽到這個消息，我才放下心中的石頭。

稍感寬慰，但是仍然來不及先行返回中和家裡，先行奔往台大醫院的病房，探視父親病情，父親看到我從日本歸來也不禁笑顏逐開，撫著我的手說：

「回來就好！回厝好好休息！一郎（我的乳名）！不必爲我病痛著急，你看！我不是恢復很多嗎？」

「阿爸！看到你面色紅潤，兒子安心不少，看到舅舅拍來的急報，我眞是心急如焚。」

「傻兒子！你老爸命大福大，再兩天就要出院，咱們父子，可以好好聊一聊、談一談；中統！你已過三十而立之年，該討一房媳婦，早生個兒子，爸要含飴弄孫呢？」說完了爸哈哈笑起來了。

「對！對！朝安說得對，中統已三十二歲，該是娶媳婦的年紀了。」三舅迎合著說。

「中統！也不需要東挑西選了！早些娶媳婦，不孝有三，無後爲大，爸爸的希望全在你身上，你是長子……唉！中和夭折，現在只盼你了。」三舅也感性的說。三舅原是客家人，講的都是客家話，因爲長久相處，我也大致聽得懂。

父親半躺在病床，一直以期待的眼光看著我，不免使我感到羞澀。雖已三十二歲，也曾結交過幾位女友，但，相逢總無緣，縱是我生性向外，樂天知命，可是，對女孩子恰似有緣又無緣，交往一段時間，就沒有下文；可能因爲我學醫的緣故，大多數時間都忙於療治病患、埋首研究室，沒有較多時間陪伴女友，時間久了，女孩子逐漸疏遠。

「我倒有名好親事，中統看到了，一定一見鍾情。這位女孩子，長的秀外慧中，蘭質蕙心，今年才二十五，台大醫學院醫事技術系畢業，跟中統可是志同道合，兩人相得益彰。」阿姨還沒說完，父親、三舅異口同聲的說：

「阿姨！有這麼好的女孩，怎麼不早爲中統提親？」

「一待我出院，拜託你了！早早爲中統結下這門親事。」

「好！好！我急速進行，中統！就看你有沒有這份福氣啦！」

「是的！是！謝謝阿姨！」我口中這樣說，心裡面卻有十五個吊桶，七上八下，說不出的不安。主要的原因，去年在日本時，日本報紙刊出我成功中學初、高中六年的同班同學陳永善（筆名陳映眞，現爲台灣名作家）一段消息；他因爲理念偏左，尤其映眞從事文學創作，經常寫一些光復初期台灣青年，嚮往社會主義、理想社會、沒有貧富階級的社會性小說，暴露資本主義剝削階級的罪惡。在戒嚴時代，所謂反共抗俄戡亂時期，一條戡亂時期的條例，足以牢牢綁住永善等人的罪名，視之爲共產黨同路人。果不其然，去年七、八月間，被警總逮捕了（一九六八年）。

我雖與永善等人理念並不相符合，但是，在日本幾年，看到日本社會與二次世界大戰之前大幅的改變，深切體會，台灣當局的國民黨政權，在台灣實施所謂民主政治、什麼議會政治完全是一黨政治的掛羊頭、賣狗肉，欺騙老百姓的花樣。根本沒有實施政黨政治的誠意。另外兩個政黨：什麼青年黨、民社黨，無非是政黨廁所裡的花瓶。再加上，我高雄醫學院畢業後，在小金門前線服了一年的預備軍官役，看透軍中政工人員，只是軍特、控制思想、言行的幫手。因此，到了日本後，接觸了日本現代化社會的演變，又認識了幾位認爲台灣應走自己道路的獨立運動者，相談甚歡，對他們的理念頗爲贊同。可是對他們組成的「台灣青年獨立聯盟」，倒是沒有考慮加入。因爲當時我在日本岡山，距離東京太遠，我很少到東京與他們聯繫。

可是，國民黨的情特人員，在那個時代可以說是見縫插針、無孔不入。我輾轉得知，當局早已將我列在黑名單內，歸爲異議分子，甚至被視爲準叛亂分子。這也是當我接到三舅急電爲什麼猶豫再三的原因。最後，我抱著：「風蕭蕭兮易水寒，壯士一去兮不復返。」的悲壯心情返台，一盡人子之孝。而且與陳永善等人在思想本質不同；他們也只判了十年；何況他們在「罪名」上比我更嚴重，是共產黨同路人，而我只是追求台灣人民尊嚴之路，縱或有「罪」，最多只有五、六年牢吧？何況我才三十多歲，即使坐幾年苦牢，未嘗不值得。獲得自由之時，我年未達不惑之年，還有發展天地。這是毅然回國的原因。

現在，父親、阿姨、三舅，卻希望我趁返台之便，早日完婚，心中的矛盾叢生，阿姨又那麼熱心，替我介紹相親，我能將內心的苦處傾訴？那豈不是害了自己事小，害了人家純情女孩事大。又不能拒絕，只有笑嘻嘻的說：「謝謝阿姨！謝謝阿姨！」因爲我知道年過半百的老父是迫不急待的要抱孫子啊！

一九六九年一月七日，阿姨告訴我已與對方約定時間，在美國海軍第二醫學研究所與來自嘉義的蔡憲子小姐見面。阿姨並殷殷囑咐：

「中統！蔡小姐可說是女中豪傑，你想想，一個女孩子能考取台大醫技系，可不簡單。人家家世好，你未來的泰山大人，在嘉義從事運輸業，在嘉義也是有名望的人家。中統！你是學醫學，兩人可說志同道合，我這個媒人絕對使你們雙方滿意。」阿姨又停頓一下說：「中統！你平時伶牙俐齒，可不要見到蔡小姐，結結巴巴說不出話來，變成了啞巴。」

「放心！阿姨！我不會結巴的。」

我與蔡憲子經阿姨介紹，使我眼睛一亮，憲子落落大方，端莊賢淑、談吐優雅；我雖一向大而化之，那天也不拘不束，具有男士的禮貌，由於兩人學的都是相關的醫學專業，一談之下，極爲投契，大有相逢恨晚，也可說是一見如故。

自這以後，阿姨向雙方家長穿梭奔走提親、說情，我也私下和憲子約會，見了幾次面。以閃電戰術，不及一個月，便決定在二月六日完婚，相識僅一個月，我與憲子心有靈犀，恍如我泥中有她、她泥中有我。婚禮的喜宴設在中山北路國賓飯店國際廳，恭請了當時台灣反共理論第一名家任卓宣擔任證婚人，台灣第一位醫學博士，當時高雄醫學院院長杜聰明博士擔任介紹人，雙方父母自然是主婚人。國際廳席開數十桌，雖不是冠蓋雲集，倒也風風光光，使我與憲子的婚姻大事，圓圓滿滿、歡歡喜喜。

那年農曆是閏年，我和憲子婚期是在年前，恰如俗諺所說：「有錢、沒錢，討個老婆好過年。」一切依照傳統禮俗。三天歸寧之後，我便與憲子攜帶簡單行囊，進行環島蜜月旅行，順道看看居住在各地的親朋好友。

沿途，我發現一個令人不安的事，不論我與憲子搭乘公路局金馬班車，或是火車及計程車，我總是覺得有某些人士在跟蹤，大多數穿著便衣。尤其當我們搭乘計程車前往溪頭、台大森林實驗林場招待所要住宿時，奇怪的是服務生都說已經客滿，使我倆盡興而去、敗興而歸。而且，在計程車後視鏡，我總看到中警部一輛吉普車，緊緊跟隨在後。我心中有數，卻不能告訴憲子，免得她受驚害怕。直到南投後，我決定不再搭乘計程車，轉乘公路局班車，直往台中。到達台中再搭乘計程車，前往高醫時代同學林文彬家中，總算甩脫中警部情治人員的跟蹤。

林文彬見到我新婚夫婦到來，表達熱情歡迎。騰出一間主臥室，作爲我和憲子新婚蜜月中的洞房。那年，適逢農曆閏年，陽曆二月十六才是農曆除夕，文彬邀約了居住台中的高醫同學林興儀（已故）、黃昭憲、林鳳瑞（已故）、黃名揚等要好的朋友，度過一個熱鬧、熱情、充滿喜悅的除夕夜。使我暫時忘記被警總跟蹤、盯梢的事。

第二天，是農曆年，台中的同學們，熱烈地留我和憲子在那兒多玩幾天，盛意難卻，我只有打電話回中和家中，向父親稟報，未能回家與家人共度歡樂新年。父親倒也沒說什麼，只要我與憲子快樂，他們也快樂了。(此時我不知道情治單位在監控錄音)

如此，與往日同窗相聚數日，彷彿又回到當年年輕歲月，各述學醫過程中的糗事，引得憲子也跟著笑口大開。說我們這群大男生已經是醫師了，還保持年輕歲月的浪漫天眞，眞是難得。歡樂的日子，總是過得很快，一下子，便是正月初五，恰是國曆二月二十一日。我與憲子不得不向老同學們告辭北上返家。文彬一留再留。我與憲子只有搭乘晚間九點的火車回到台北，再搭計程車回到中和住處。

當我與憲子提著簡單行囊步上二樓客廳，家中靜悄悄；因為時已午夜，家人已入睡，我們也只有放低腳步和講話聲音，以免吵醒入睡的家人。雖然，時已午夜，因為還是正月初五過年期間，屋外不時有人放鞭炮、火箭炮燄燄的響聲。當我們放下行李，憲子眼明手快，看到茶几上留有一張紙條，我拿來一看，上面寫著：「中統兒：十時左右，中和派出所主管，撥電話來，要與你面談。父留」

剛剛看完這張留言，電話鈴突然「鈴！鈴！鈴！」的響起來！在夜裡聽起來，似乎一道「警鈴」。憲子正要去接聽，我趕忙說：

「我來！」我拿起聽筒，對方說話了：

「我是中和派出所主管。」

「我是陳中統！」我鎮靜的說。

「陳醫師！眞對不起！半夜三更還打擾你，只是有些小問題，請你到派出所來一趟。」主管客氣的說。

「不能明天嗎？我剛從台中回來。」我心中有數，這是辦不到的事，我只是想緩和一下憲子的情緒，因爲我已看到憲子惶然的表情。

「希望你馬上過來，這是上級交辦的。」主管客氣的講。我知道事已如此，我就是走奈何橋，也得放膽過去。

「好！我馬上來！」

放好聽筒，憲子緊張的問：

「中統？什麼事這麼急，要你去派出所？要不要我陪你去？」

「沒什麼要緊的事，我一個人去就可以了。不要著急，沒什麼大不了。說不定問幾句話就回來，你先休息，不要爲我操心。」我嘴裡這麼說，心裡卻不踏實，根本不知道，這一去就不知何年、何月才能見到家人。我明白派出所只是轉達的傀儡，國民黨情治單位要抓人，爲了表示民主，總事先透過派出所管區警員。我連西裝也未脫，領帶也未解，走下二樓，憲子焦急的送到樓下，叮嚀的說：

「有什麼事，打個電話回來！」

「放心！我會的！」

走下二樓，打開大門，我向左右看一看。一輛藍色的計程車（那時，計程車還未規定一律漆爲黃色），就停在我家門前的後側方。我步出大門，隨後計程車內，便走出幾名壯漢，悄悄的跟隨在我的後面。我心中眞感到可笑，我家距離中和派出所，從枋寮街右轉不到百步，何値得如此大驚小怪。可以證明當時的情治人員，對所謂的「政治犯」、「思想犯」跟蹤、盯梢是如何緊迫盯人了。唯恐稍一閃失，讓「人犯」逃跑了，不但拿不到獎金，還要記過撤職呢？

表面上，我大大方方、無所畏懼的走到中和派出所；而這短短不到五分鐘的步程，百感陳雜，不知道將遇到怎樣的惡劣的環境。一是惦念老父大病初癒、二是惦念新婚不及一個月的妻子，如果我這一去不回，他們和我的姊弟妹妹們是否牽連？好不容易的走到派出所，蔣所長早已佇立門口等候我，與蔣所長可說是熟人，平時遇到都會客氣的打招呼，一見到我，笑著說：

「陳醫師！請！請！不是我有問題，是警總派來的先生……」後面的話，他說得很小聲。

「是的！我知道，麻煩你了。」我客氣的回應他。

進到派出所內，已有三、四位穿著便衣的中年男子，坐的坐、站的站在室內等候。蔣主管堆滿笑容向其中一位可能是位階較高的白胖四十左右的中年人說：

「組長！這位便是陳中統先生！」那位白胖的組長客氣的站了起來，向我伸出手，皮笑肉不笑的說：

「陳先生！你好！我們是警總保安處的人。」說完，隨即亮出證件給我瞄視一下。我鎮靜的說：

「你好！不知道組長深更半夜找我，有什麼指教？」

「陳先生！放心！只是一些小問題，請你到處裡去解釋一下，不會有什麼大問題。」他好像安慰我。

「就是現在？」我接著又問：「有傳票嗎？是不是可以等我的律師來？」我一派天眞的問，雖然我知道那是戒嚴時期，根本不講這一套民主法治的手續，還是不得不如此問。

「陳先生！非常時期，剿匪戡亂的年代，我想，你應該明白。我們也是奉命行事，這得請你原諒了。」組長是和和氣氣的說，而且向其他的下屬，使了眼色，惟恐我要逃跑似的，三面包夾著我，我只得問：

「我是不是可以撥個電話回家？」

「用不著，我已關照蔣所長，他會通知令尊和你的新婚妻子。」二話不講，便驅趕似的將我帶出派出所，門前已停好一輛軍用吉普車，兩名挾持我坐在後座，我坐在中間，左右一名緊緊的扶持我的手臂，一名司機，組長便坐在右邊。司機發動引擎，在沉靜、冷峭的春天夜晚，向台北駛去，原先我看到的藍色計程車，在車門上漆有「大鵬」兩個字，這時，我恍然大悟，往日在大街上、馬路上奔馳的「大鵬」計程車，原來都是警總掩飾的蒙面偵防車。

我深深感到神傷，不知此去，將會遭遇到什麼，只有無語問蒼天了。

第三章　疲勞審問進行曲

一九六九年二月二十二日　六張犁看守所

當我坐上吉普車，瞄了一下手錶，已是二十二日凌晨將近一點了。沒想到在中和派出所，與A上校的談話竟然不知不覺已過了一個小時。本來以爲既然是小問題，談完了，便讓我回家，結果，卻要我再到另一個地方，心中有數，我已被警總保安處，毫無法律依據，非法逮捕。想到這裡，一陣心酸，老父、嬌妻，以及關懷我的親朋好友，他們將如何爲我提心吊膽，尤其是大病初癒、年已花甲的老父，一定焦急；新婚的妻子，豈不更焦急惶恐。

沒想到坐在我左右的兩位保防官，當我坐定，卻拿出一副眼罩，要蒙上我的雙眼，心中不由憤慨，但，我忍下這口氣，以緩和的語氣說：

「這樣做有必要嗎？」

「陳先生！非常抱歉，請你忍耐一下吧！」在左邊的緩緩的講，右邊那位卻不客氣的說：

「我們對你已夠客氣，換了別人，還要上手銬呢？

坐在前座的孫組長回過頭來說：

「陳先生，委屈一下，我們也是奉命行事。」

我默然無言，眞是人在屋簷下，不得不低頭。只得讓他們以眼罩蒙上我的雙眼。我終於感受到何謂「目盲心明」，吉普車的車行方向，無疑是向台北市進行，大約不到半小時行程，直覺到了一個門禁森嚴的處所。吉普車向內駛去停下，兩名特務，如同扶持一名盲眼人一般，帶領我走進一間黯淡的房間，隨後將我眼罩拿下來，剎那間，我兩眼發花，看不清房間裡的一切，燈光也顯得黯淡。還沒等我恢復正常，卻有一名管理員模樣的尉官，面無表情的說：

「請你將領帶、皮帶以及隨身攜帶的手錶、戒指、皮夾等等物品，統統交由我們保管。」

我實在忍不住，對還沒離開的孫組長說：

「組長！這是什麼意思？你們不是說，只是問我幾個小問題嗎？這樣做？難道我是現行犯嗎？被逮捕了嗎？」

「陳先生，我已說過，我們也是奉命行事。確實，你已被逮捕、收押。這裡是警總保安處六張犁看守所。我希望陳先生能和我們合作，絕對不會爲難你。」

「沒有逮捕證，沒有收押令，這就是民主、自由的台灣？」我氣不過的說。

「識時務者爲俊傑，陳先生！你受過高等教育。國家在非常時期，不得不如此。」孫組長還客客氣氣的說。

看來我是出不去了，內心一時百感交集，但也只有聽從他們，解下領帶、解下皮帶、脫下腕錶及戒指，以及身上的皮夾等等，那名管理員模樣的尉官，先小心翼翼的搜查我的身體，要我把皮鞋的帶子也拿下來。一一的裝入一個塑膠袋中，而後表示沒有差錯，以膠帶封好，另用一張紙貼上，寫上「陳中統」三個字，他似乎第一次看到「中統」兩個字，不由的笑了。這一笑，卻挨了孫組長的官腔：

「陸中尉！有什麼好笑？」

「報告組長！中統！這個名字好奇怪。」

「你做你的事，奇怪的名字多的是，有什麼好笑？」聽孫組長這麼一說，被稱爲陸中尉的再也不吭氣了，只是要我在封條上簽個名。

隨即，孫組長向兩旁的下屬，使了一個眼色，對我說：

「陳先生！很抱歉！我們先走了。」接著又有另外三個人上來，帶我到另一個房間。

天啊！我本來以爲將我的隨身家當收拾停當，便可以讓我好好睡覺；如此看來，我意識到以前所聽到的疲勞審問，將施於我的身上了。於是新來的三個人緊緊跟隨我，似乎怕我一溜煙跑走似的，其實，在那樣森嚴的環境，我是插翅也難飛。左轉右拐的來到一間四面都是灰暗水泥的房間，裡面布置只有一張長方桌，幾張椅子，倒是除了天花板吊著看來不太亮的燈泡外，另有一張放在牆角的隨時可插電的前後擺動的大燈座，我心想，那可能就是如同電影中特務人員審問「人犯」的探照燈了。

「請坐！」一位像是頭頭的倒是滿面笑容客氣的說。

押解人犯的和審問的人不同一組。

實在很累，我也就不客氣的在一張椅子坐了下來；他們之一在我對面坐下來，又使了個眼色，另一位偵查員就在他右邊坐下，攤開了類似一堆十行紙，準備記錄我的問話，另一偵查員，卻將一具小型的錄音機放置桌上，準備錄下我的談話。

「組長！剛才在派出所不是已經……」我向組長提出問題。

「陳先生！在派出所我們有很多問題不便提出來，時間也不允許。在這裡，我們可以慢慢談。陳先生！你是明白人，如果我們沒有你的犯罪資料，也不會請你來了。」

「什麼資料？」我詫異的問。

「陳先生！你也別裝糊塗，從你在軍中服預官役，以及留學日本，和那些人來往，我們都有詳盡的資料。」組長還是不軟不硬的說。

「既然有資料，何必還要問呢？」我橫了心直截了當的講。

「政府做事，一切依法行事，勿枉勿縱，因此，希望你老實說，對你未嘗不是一件好事。」我心中明白，他是假裝好人。

「對不起！我口渴，！我想抽支菸。」我實在熬不住了，亦不客氣提出我的要求。

「好！好！等你喝了水、抽了菸！我們正式做一次談話，希望你說老實話，這是第一次的談話，對你是非常重要的。」組長看了看旁邊的偵查員，那名原先管錄音機的偵查員，趕忙走出房間，又好心的問：

「陳先生！你抽什麼牌的香菸？」

「我習慣抽總統牌。」無意中我福至心靈說了「總統牌」香菸，事實上，我習慣吸長壽牌。

「你倒是『幽默』，中統吸『總統牌』香菸。」組長不由得笑了。

「總統牌香菸，口味清淡、清香，確實是好香菸。」我又順口的說，其實，我內心含有諷喻。人人都吸總統牌香菸，吸光了總統，豈不是天下太平，我暗中不由得笑起來，當然面對那組長，我是不能笑出來的。

那名偵查員從另一間屋子帶來一瓶水和一包香菸，組長以瓷杯倒了一杯，放在我面前，打開總統牌香菸，抽出一隻遞給我，又爲我撥開打火機，笑著說：

「先喝口水、抽支菸；靜一靜心。俗話說，既來之、則安之。不必爲家中人、家中事操心。政府對你們受過高等教育的知識分子，是愛護有加。尤其你是學醫的，更是得來不易。」他這番言詞，眞是貓哭耗子假慈悲，明明已三更半夜，還在審問，那有合乎人道？

「謝謝！」我也不客氣，先吸了一口，長長的吐了一口氣，而後將杯中的白開水，一口氣喝完，平靜的說：

「組長！我們開始吧！」知道自己逃不了，不如乾脆利落，這就是我素來的個性；看他們怎麼問吧？那名偵查員，隨即按下錄音鍵，另一名則攤開紙，拿起筆迅即筆錄，遠遠瞄過去，他似以速記方式在畫符號。

一般的詢問，脫不了官式的問話。先問了我的姓名、年齡、籍貫、學經歷以及家中大大小小親屬兄弟姊妹的名字等等。問到最後一定要問一句：「你以上說的都是實在的嗎？」組長才「導入正題」：

「中統兄！你在日本這幾年，是不是認識侯榮邦？」

「見過兩次面，是同學介紹的。」我才明白是爲了我曾參加「台灣青年獨立聯盟」的這件事。

「你有沒有參加他們的僞組織？」他問。

「沒有」我回答。

「眞的沒有？中統先生！」組長突然非常客氣，竟稱我「中統先生」，只見那兩名偵查員，忽然挺胸、平視前方，道貌岸然的「尊敬」起來。組長見到他倆這樣，左右兩方向他們瞪了一眼，原來他們兩人會錯了意，將中統先生，誤認爲「總統先生」。誰都知道在那個時代，「總統」這個普通的名詞，已變成蔣介石的專有名詞。不論任何人聽到總統兩個字，站著的必須兩腳併攏，兩眼向前平視、兩手緊貼褲縫、向前挺胸；坐著的應即兩手放下、挺胸、兩眼向前，以示對蔣介石無比的尊敬。在軍中尤其如此，否則即表示對領袖不尊敬。各軍事機關、公務單位、各級大中小學，都在操場上矗起大大的十個字：「領袖、主義、國家、責任、榮譽」。因此對那兩名偵查員習慣性抬頭、挺胸等等動作，我心中直想笑，在那場合我只有「悶笑」了。

「陳中統！你還是講眞話的好，省的浪費時間。」

「沒有就是沒有，我求學的岡山大學醫學院，距離東京太遠。偶爾去一兩趟，也很少碰到他們。」不錯！我是認識侯榮邦，談過幾次話，他們有一個「台灣青年獨立聯盟」，在我看來，也只是書生論政的讀書團體，參加或不參加，並不是重要的事。何況，他們只是談談時政，還沒有到以革命手段推翻國民黨政權的能力。

「我除了與他們聊聊天，並沒有什麼大不了的事。何況書生論政，出自一番對國家的愛心。」

「一派胡言。」組長一反前面的軟態度，竟拍桌子大聲吼起來，翻臉如同翻書一般的快。

「老實說，你這次回來，還攜帶了叛亂文宣，準備在台灣吸收台灣青年參加這個叛亂組織。」組長聲色俱厲的講。

「組長！就是帶了，也沒有什麼關係；我又沒有帶非法武器，從事武裝革命。憲法上不是白紙黑字的寫了人民有結社、集會和言論的自由嗎？」我不甘示弱的說。

「陳中統！你百口狡辯，現在是戒嚴時期。依懲治叛亂條例，你參加『台灣青年獨立聯盟』叛亂組織，已犯了第二條第一項叛國罪。」這是第一次聽到「二條一」的罪行。我默然無語。

「陳中統！你知道？二條一是唯一死刑。」組長這一講，我心中相當震驚，立刻感到，我可能逃不掉死牢了。「如果因爲我的理念，不合政府法令，就是叛國罪，我無話可說。」（通常審問的人不會告訴你任何法條。）

「好一個無話可說？我們絕對不會冤枉一個好人，也不會放過一個要推翻政府的壞人。」組長鐵青的臉色，恍如與先前變了一個人：「陳中統！你還是老老實實的說，誠誠實實的講，免得受皮肉之苦。」講到這裡，組長看看腕錶，雙手摀者嘴巴，打呵欠了，看來他也疲倦了。

「今晚我問到這裡，待會兒，崔組長，會再來和你談話。」（他們不表明身分及姓名）說完，他站了起來，與其他兩名偵查員一同走出房間，門打開已有另外一組偵查員走進來，這時，我才發現房間右角，早有一名班長屹立在那裡，在他前面有一盞直立的「探照燈」那燈泡起碼有五百度以上的亮度。我明瞭，那是用來對付我的眼睛。屋內依然靜悄悄，透過高高的窗櫺，黎明似乎還未到來。

新來的三人小組，在崔上校的率領下，坐在我的對面，崔上校坐在原來孫組長的位置，其他兩人當然各就各位，崔上校略較孫組長矮小，臉色倒是白晰而乾淨，坐下後，他便開門見山的說：

「我是崔組長，這位是石少校、這位顧中尉。非常抱歉，剛剛孫組長使你受了驚嚇了吧？」

「沒有！崔組長！我可以抽支菸嗎？」

「可以！可以！」崔上校連忙從總統牌菸盒抽出一支菸遞給我，並且爲我點燃。我的菸齡已有十年，每天習慣性要吸一包長壽；今天自己故意改變吸總統牌，由於味淡，實在不過癮，只有深深的吸他幾口。

「陳先生！今天晚上委屈你了！耽誤你的睡眠，這也是沒辦法的事。我們奉命辦事，依法究辦。對你陳先生，我們是關照備至的。」聽口氣，他似乎比原先的孫組長要懂得詢問技巧，而我明白，他們時而白臉、時而黑臉，只是隨性而變，誰知道後面還有什麼花樣？

「陳先生！你受過高等教育，有醫學專長。依照資料，你在小金門服預官役，還曾當選過愛民的榮譽，國家培養一名高級知識分子，用心良苦。你想想，日本統治台灣時，會如此善待台灣同胞嗎？」崔組長好像在發表演講，我想，他是在替我洗腦吧？

「崔組長！你講的不錯！一個人的思想不可能始終如一，尤其知識帶給我更多的獨立思考。國民黨退到台灣，那時，我才國小畢業，考上成功中學、後來考入成功中學高中部，記得一九五七年五月二十四日，為了劉自然事件，我還與很多同學，到當時位在台北北門附近美國駐華大使館和愛國群眾一同表達抗議。」他發表演講時，我雖困倦異常，眼皮直想闔上，但回話時，仍強打起精神，也長篇大論「演講」了。

「嗯！你這些資料，我們早有紀錄！可是，你到日本留學為什麼會改變呢？」崔組長婉轉的問。

「國民黨，為什麼不檢討自己？為什麼有很多像我這樣的青年，改變了原先的想法和思考？」我雖然困倦極點想想這長長的一夜，既已被耗掉了。一不做、二不休，直話直說。內心不由的想，既然被抓來了，三、五天之內，是出不了這道鐵門。沒想到這是天眞念頭，後來的結果，那只是三五天呢？

「嗯！你記得一九五七年，可否告訴我，那是民國幾年？」崔組長臉色鐵青，一反剛剛溫和的態度。

「當然記得，那是民國四十六年。」我當然記得，自從讀書以來，我就有了西元幾年減去十一年，便是民國多少年簡單的計算頭腦；只是我不願說民國幾年而已。

「你不認同中華民國？」生硬的國語又從福州籍的崔上校的口中吐出。

「不是！我從來沒有這個意思。」

「既然如此，爲什麼你只講一九五七年，而不講民國四十六年。」

「習慣！在日本幾年，都是這樣講，尤其我們留學生。即使日本青年，也不講昭和幾年幾年了。不能因爲我不講民國幾年，便認爲我思想有問題，何況每個人的思想，不是權力能控制的。」

「好一個伶牙俐嘴，你要知道我們當今的敵人是共匪。是主義與主義的戰爭、是思想與思想的戰爭。我們的領袖，已經近八十高齡，爲什麼還要領導我們反共戰爭？難道你從讀書以來，就沒有看到『領袖、主義、國家、責任、榮譽。』這十個字嗎？」他這番說詞，我暗中猜想，崔上校必然是政工幹校畢業的高材生，他向我賣起「政治膏藥」。

「組長！我們不是號稱自由、民主的國家嗎？爲什麼要『統一』思想？爲什麼要每個人都從一個模子裡出來？」我幾乎是在無意識狀態下講話，眼皮不停的睜睜閉閉；根本他講的高調、我的答覆，自己也不清楚了。

崔上校看看腕錶，對顧中尉說：

「已經六點鐘了，顧中尉，你叫廚房送早餐來。」接著又對我說：「陳先生！你也該進早餐，餓了罷？」我迷迷糊糊的點點頭。餓？我早就忘記時間，只想埋頭大睡。不一會，一名士兵端來了一碗稀飯、一個饅頭、一盤放了花生、醬菜佐料。望著這些我那吃得下，只喝了半碗稀飯、咬了兩口饅頭，再也沒胃口吃什麼了。只是覺得腹部脹脹，尿也憋了五、六個小時，於是我向崔上校說：

「組長！我要上廁所；解放一下。」

「解放？陳中統！你眞格是……」崔組長搖搖頭，我明白「解放」一詞是共匪的專用名詞，在台灣是禁用的；偶爾不小心說了，那可就倒大楣。可是，我們在尿急的時候，常常開玩笑的說：「我要去解放一下。」我無意中講了，極可能崔組長那種僵化的腦袋，又要扣一頂「紅帽子」給我戴了，但，他講了半句，沒有再說什麼。只對送早餐來的年輕士兵說：

「你陪他去，看好他，不能出差錯。」

「是的！報告組長！我會小心看守。」

我隨著那名小士兵，走出「偵訊室」，沒走幾步，便是廁所。待我進入「大號間」，隨手要關上門，那名士兵，阻止了我，帶著濃濃台灣口音的國語：

「不可以關門。」

天啊！長大成人後，這是我第一次大解時，有人在門外看我，幸虧馬桶是坐姿的，我坐在那裡，除了小便急急而下，大便那裡屙得出來呢？依照我學醫的經驗，人在緊張、惶恐、失眠……又經過長夜偵訊，往往會便祕的。縱然我是醫生，這種生理狀況，也是免不了。我只有利用這個時間，閉起雙眼，打起瞌睡來，迷迷糊糊似睡非睡、似醒非醒，頭腦一片空白，那短暫的打盹，好像過了長長的一夜。可能那少年士兵已不耐煩了，焦慮的說：

「好了沒有，你是來大便的，不是來睡覺的。」

「少年仔！做做好事！我馬上就好！」我以台語對他說。

他一聽我這麼講，也以台語回答：

「卡緊啦！不然崔組長會關我禁閉；等到你關起來，那有這麼好的馬桶讓你坐？」

「好！好！我馬上就好！少年！謝謝你啦！」我客氣的對他說。

「免啦！你已經坐在馬桶上二十分鐘啦！」

噢！二十分鐘，對我眞是恩賜的啦！

回到原先的偵訊室，崔組長看看那年輕的士兵，只講了一句話：

「怎麼這樣久？」

「上校！是我不好，我便祕！」我搶著回答。

「好啦！好啦！這裡有十張十行紙，你先將自己的身世寫一遍，待會兒，有位黃組長再來與你談話，最好在他來之前，你的『自傳』已經寫好！」說完，他遞給我一疊十行紙、一支原子筆，並對原已侍立一旁的衛兵班長說：

「好好看著他，不能出差錯！」這才使我感覺到原來還有一名衛兵悄悄站在一旁，他們何時換班，我都一無感覺，本來我只以為除了偵訊我的三名特務之外，另有一名持有強烈燈光的士兵，別無他人。崔組長如此一講，我方感到國民黨的情治人員，眞是小心過分，對一名手無縛雞之力的我，竟是如防千軍萬馬一般。

崔上校等三人走了之後，我只想打瞌睡，那裡能寫一個字，可是又不知道，再來的黃組長是怎樣的人？到時候繳不出一個字，倒楣的不是自己嗎？想到這裡，強打起精神，草草率率的寫了一張十行紙，以便向黃組長交差。於是不暇思考的寫了：

「我，陳中統生於一九三七年十二月三日（日治時代昭和十二年），世居彰化縣埔鹽鄉，祖父陳鵠額，父親陳朝安，母親郭然，在日治時代都擔任教師工作。後來父親陳朝安改教習醫，到日本留學。在我之前有一姊、在我之下有一弟、五妹。母親在我四歲時，罹患腦膜炎過世……。」

後面又寫了一些自己求學的等等。

我一面寫、一面打瞌睡，一雙眼睛根本睜不開來。這樣的疲勞審問，以前只聽他人如此說，現在身歷其境，才知道這個滋味，實在不好受；給予精神上的壓力越來越沉重。再轉而一想，疲勞審問也許是最「低」消費的折磨，更不幸的人，坐老虎凳、灌辣椒水、大頭針刺指甲，那種痛苦，更是難以想像的了。我如此胡思亂想，再也寫不出一個字來了。

不知過了多久，進來了「三人組」的偵查員，也可說是審問員吧！這次可不同了，前兩次的「三人小組」都是穿著便服，這次是穿著軍服，走在前面的高頭大馬，足有一百八十公分高，可能睡了一晚好覺，精神抖擻，軍常服的肩帶上有閃閃發光的兩朵梅花，沒戴帽子；後面兩位也穿著軍常服，一名佩戴一朵梅花，是少校、一名佩戴三條槓槓是上尉。進來以後，就在我對面坐下，中校坐在中間，少校與上尉坐在兩旁。中校自我介紹：

「我姓梁，這位是林少校、這位是鍾上尉。陳先生！辛苦你啦！」他面帶微笑的說，看起來很好說話，接著又問：

「剛剛崔組長，要你寫的『供詞』，寫好了沒有。這句話在我聽起來非常刺耳。」

「崔組長沒有叫我寫供詞啊？只是要我寫身世啊？」

「胡說！供詞就是身世、身世就是供詞！」國民黨的情治人員，真是出神入化，剛才還笑瞇瞇，一瞬間就變成凶神惡煞。「拿過來，給我看！」我將一張寫好的十行紙，遞交給他，他瞄了一下，出乎我預料之外，用力的拍了桌子，厲聲的說：

「這麼簡單？這就是供詞嗎？就是自傳，也沒有這麼簡單？騙人也不是這樣騙的。」他強詞奪理的說。

「粱中校！我一夜未睡，兩眼矇矓，腦子裡一片空白，我想寫，也寫不出來啊！」我不管三七二十一直截了當的說了。

「好啊！你睜不開眼，我讓你睜開眼，清醒清醒頭腦。」他一面說，一面向右邊的衛兵一招手，那個「探照燈」，強烈的光線，直接照射到我的臉上，使我的眼睛不但睜不開，只有緊緊的閉上。二月天，正是台灣春寒料峭的季節，「探照燈」彷彿六月夏季的太陽，使我的臉熱得受不了。原先感到的寒冷、抖縮的身體，反而得到溫暖了。也許，黃中校感覺到我的感受，隨手一招，「探照燈」立刻熄滅了。

「陳中統！再問，你也不可能招供，孫組長、崔組長都陪了你一夜，說了一夜，你還是支支唔唔，大丈夫、男子漢，一人做事一人當。我想，再問下去，你還是不說實話。現在，我不再問，那一疊紙，你好好的寫，寫得越多越好。」粱中校的言詞，眞是使我心中好笑，陪我一夜？他們問了兩個小時，便回去睡大覺。折騰了我一夜，還說是陪了我一夜？誰知道還有多少時間要我去煎熬？

「好吧！我寫！我寫！只是我有菸癮，能否允許我抽菸？」我向粱中校請示。

「可以！可以！只要你誠誠實實的自白，我們不會不給菸抽，不會不給你水喝、三餐都不會缺。」

是的，多好聽的話！我心裡也得自我安慰一番。聽說如果被捉到青島東路警務處對面那座大牢房、或是被逮到西寧南路那所監獄，十有八九的政治犯、思想犯是有去無回的；若是送到火燒島，不待上二、三十年也得待上十多年。這裡，應該是最好的「招待所」了。至於以後，我會被送到那裡，命運操縱在他們手裡。

我寫了十來張，寫得是什麼，腦筋一片模糊。不知什麼時候，梁中校來了，看了我寫的「供詞」，笑笑！沒說什麼，將我寫的拿走，又給我一疊紙，要我重寫，這中間，有水喝、有菸抽、又有飯吃。我呢？那能吃得下。眼睛睜睜開開、閉閉睜睜，根本不知白天、黑夜……。

孫上校、崔上校、梁中校以及……都在我眼中分不清楚是誰了。冷！冷！冷！直冷到我心底。我什麼都不想，只想好好睡一覺，如果一覺不醒，省的再活受罪。可是，我千萬不能一覺不醒，我還有老父、新婚的妻子、姊姊、弟弟、妹妹們！他們需要我，我還年輕，只有三十二歲，豈可因爲自己的觀點、自己的獨立思考，就被無理暴力、權力，摧殘而死嗎？那是我不甘心的……。

終於，疲勞的審問結束了，那「好心」的梁中校說：

「陳中統！你可以到房間去休息了！好好的想想，你說的、寫的、還不夠誠實。！對你自己並不好！」

他說的什麼，沒聽進去，只是不斷的說：

「謝謝！謝謝！」

一名中年班長，緊緊的跟隨在我後面，押送到「單人囚房」，另外一名看來有四十多歲的老兵，打開鎖開了門（看守所內的班長不帶武器、外圍則帶武器）：

「陳中統！進去吧！」未走入之前，他還將我全身搜索一番，惟恐我還帶了什麼「武器」。

所謂單人房，也就是高高的水泥牆，一面高的鐵欄杆，透露一些光亮，一張木板床，鋪了一條薄薄的毯子，一件大衣。老士官將牢門軋一聲鎖上，交代另外那位班長說：

「好好看著他，不能出差錯！」又是那句老話。

「是！班長！」班長的腳步聲遠了。我以台語問：「少年仔！今天幾號啦！」

「二月二十六號，好好睡！免講啦！」噢！渾渾愣愣之中已三天兩夜啦！我和衣倒在床板上，蓋上大衣，埋頭呼呼大睡了。

第四章　往事與現實交錯的「夢幻」

一九六九年二月二十八日　警總六張犁看守所

寤寐中，我似睡非睡，似醒非醒。彷彿聽到自己的鼾聲，又聽到自己的奔跑聲，直向前跑、直向前跑；後面有著不少的士兵，提著槍在追趕、追趕。我拚命的直奔、直奔……我回頭一看，那些追趕的人，都是一些凶神惡煞，時而是孫上校、時而是崔上校、時而是梁中校……他們的臉時而模糊、時而清晰，又發出獰惡的笑聲，厲聲的說：

「陳中統！看你往那裡跑？」忽然之間，我看到滿臉焦灼、慈祥的阿爸，在後面趕來，他老人家求情的對他們說：

「求求你們！不要抓我的兒子！他沒有犯罪！他沒有犯罪！」

「阿爸！我不怕！我不怕！我只是感到冷！冷！冷！」眞的！我冷醒了！身上和衣而睡，只是蓋了一件軍用棉大衣，揉揉剛甦醒的眼睛，四面都是灰暗水泥牆，一盞昏暗的燈光，像是鬼火一般，那高不可及的通氣小窗，牢牢的釘住五根鋼筋。

我孤孤單單的醒了，左側有個痰盂，是大小便用的吧！還有一個自來水龍頭，是讓我盥洗的吧？不錯！單人牢房，像似兩星級的套房。我要洗臉、刷牙，可是來的時候什麼也沒有帶啊！因此，匆匆的在痰盂裡放了尿，以自來水漱漱口、雙手捧起一掬水沖沖臉。或許，水聲驚醒了門外的衛兵，他先開那小如狗洞的木門，望著我說：「陳中統！你終於睡醒了。」聽他的口氣倒是和氣的，一張老老的臉，帶點關懷。我對他說：

「班長！今天幾號啦？」

「二十八號！你還眞能睡，一睡就睡了一天一夜。」他笑著說，接著又講：「所長！組長！都來看你幾次啦！他們倒是關心你。只怕你在裡面出事，要我們衛兵隨時注意你。」他講了一堆話，我只是關心家裡人有沒有來過。

「班長！我家裡的人，有沒有……」

「陳中統！你眞是天眞？才來幾天，接見不可能的事啦！說不定你家裡人，還不知道你在那裡呢？」他沒有惡意笑了。

「班長！……」

「免講！帶班的來查哨了！」他將小木門關起來了。

我呆呆的坐在床鋪上，東想西想，腦筋一片零亂。我未想到以後會有怎樣的發展，我不相信，國民黨政權是如此的無理，我手無寸鐵，又無擁護我成千上萬的群眾，我能造反嗎？只是帶回來幾張朋友交給我的獨立宣言，就犯了死罪？

我深深感到對不起老爸，他將是六十歲了；從我年輕開始，便勉勵我好好讀書，要求我學醫，繼承他的衣缽。他更向我說出，自己年輕時的努力奮鬥以及和母親一段淒迷的愛情故事，想到我年方四歲，便失去年輕、美麗、端莊、慈祥的媽媽，在記憶中雖已模糊，但是，阿爸每提及母親，總會留下傷心的淚水，眞是男兒有淚不輕彈，只是未到傷心處。現在，我拘押在牢房，想到阿爸、阿母，也禁不住滴下哀傷的淚滴。

一九一〇年至一九二四年　彰化縣埔鹽鄉

阿爸陳朝安，生於一九一〇年，是日本殖民台灣的第十五年，短短十五年間，日本統治台灣的總督已是第五任佐久間左馬太，正是明治四十三年。祖父陳鵠額向地主租了幾分地，耕殖農地，過著日出而作、日落而歸的農家生活。祖先來自福建泉州府南邑縣，到祖父那一代已是第五代了。父親有一兄一姊，還有四個弟弟。

農業社會是重男輕女的社會，佃農更以生男孩爲生產的勞動力，祖父因爲只有一個女兒陳蜂，倒是對姑媽視爲掌上明珠，疼愛有加。祖父識字不多，對兒子也不奢望他們能擁有多大的學問。在日本殖民時代，台灣人民被視爲二等國民，是支那奴、清國奴，縱然有幸能念書，也是日本統治下的二等國民。

大伯父陳雞角生於一九〇六年，爲什麼取這樣的名字？也許是務農爲業，取其多養雞鴨豬羊，討個吉利；可是，大伯父國小畢業後，跟者祖父下田，沒幾年，便改行從事打鐵業，在那農業時代，鐮刀、鋤頭、家用菜刀、犁田的刀器……，無一不是依靠人工打鐵，沒幾年，大伯父自己開店，雇用幾名夥計和學徒，做起「頭家」來了。三叔隨母姓叫顏「賊啦」！可能三叔小時候調皮、搗蛋……大家都叫他綽號「賊啦」，本名反而被忘記，後來也結婚生子。四叔陳進鎰，是惟一繼承祖父以農耕爲生的兒子。

阿爸六歲到埔鹽國小讀書，在幾個兄弟之中，阿爸最具讀書的興趣，那時是日據時代，日本人爲了同化台灣同胞，都以日文教授課文。當然先學什麼字母，片假名、平假文，等到念到課文時，中間還夾著漢字。阿爸同時還發現日籍老師的姓名都是以漢文爲主，只是讀音不一樣。因此，深深感到要讀好書，也要讀好漢文。因而，阿爸也向台籍老師請教，讀一些千字文、百家姓、甚至也讀一些和文的通俗小說，什麼三國演義、水滸傳之類的書。在日文、漢文、算數等等學科，成績都非常優秀，頗受日籍老師池上的賞識，認爲陳朝安是可造之材。

阿爸在埔鹽國小以優越的成績畢業，祖父陳鵠額卻只望阿爸下田耕作，能識幾個字、記記帳，在祖父心裡已經滿意，不要阿爸再去念什麼中學了。可是，日籍老師池上認爲陳朝安不再繼續升學是一件可惜的事。在那時代，日籍老師都會按時到每一位學生家長家裡做家庭訪問。有一次，池上老師親自拜訪祖父，客氣的對祖父說：

「陳様，聽說你不讓陳朝安繼續升學？」祖父被稱爲「様」（先生），眞是惶恐之至。

「老師，您來，實在不敢當，這……這麼多年，您對我兒子的教導，我眞正的感謝！」祖父恭恭敬敬的對池上老師說。

「陳朝安是名聰明孩子，可以繼續深造，將來有大大的前途。不讓他去讀書，非常可惜！可惜！」

「老師！我只是一名佃農，向地主租了幾分地，沒風颱、沒鬧水災，收成好，因爲兒女多，勉強過日子，已經是不錯了。那有錢供朝安念書呢？」祖父直言道出自己的困難。池上老師沉思了一會兒說：

「我也知道你家中的困難，陳朝安可以到台中去考師範學校，如果考取，一切學雜費、甚至吃、住、制服，都可以由政府供給。畢業以後，又可以分發到公立國小做老師，比做農夫下田好多了。」

「老師的好意，我非常非常感謝！只是朝安去念書，我家就少了一份勞動力。」祖父是個敦厚、純樸的農人，也很固執，就是不答應自己的次子去讀書。池上聽祖父這麼講，看來是有理講不清了，便告辭回校。祖父覺得過意不去，打恭作揖一直送到四合院的小路：

「老師！非常對不起！非常對不起！」

「不要緊！不要緊！」池上導師畢竟是讀書人，沒有一般日本軍人那種盛氣凌人的惡形惡狀。而且，回到學校還是替阿爸陳朝安在台中師範報了名，偷偷的將准考證交給阿爸！告訴考試日期，要他務必應考，不要失去升學的機會。

祖父卻是「神通廣大」，竟然知道阿爸要去台中考師範學校，惱怒之下，在臨考前一天，將阿爸推入牛舍裡關起來，並且加上鐵鎖，使阿爸不得去台中應考。大伯父陳雞角知道了，認爲阿公這樣做不盡人情，他知道自己不是讀書的料子，不升學也罷了。而朝安弟弟能念書，阿公卻不准他去應考，而且將朝安弟弟關在牛舍中。於是大伯父在深更半夜，偷偷的起來，跑到牛舍，用力的將鐵鎖敲開，阿爸那時已死心蹋地不想再升學應考，沒想到雞角大哥卻跑到牛舍，搖醒阿爸對他說：

「朝安！朝安！快起來！快起來！連夜去台中應考。這些錢你帶著，一定要用心考！」一面說，一面將准考證、文具及一疊日幣交給阿爸，要他小心的揣在口袋裡，不可遺失。

「大哥！大哥！謝謝你！謝謝你！如果阿爸知道了，你……你……」阿爸心急的問。

「沒關係！沒關係！最多被阿爸打一頓，只要你考取了，阿爸就沒話說了。」大伯父極有信心的講。

於是，阿爸趁夜從埔鹽鄉連奔帶跑的直向台中前進，天亮了，正好趕到台中，準時進入考場，這一試，改變了阿爸朝安的一生。

一九六九年二月二十八日　警總六張犁看守所

我沉思在阿爸的往事中，在我成長的過程裡，阿爸對我影響最大，在所有的兄弟姊妹裡，阿爸對我的希望、期望也最大。現在，我卻在國民黨政權底下被逮捕，使他在垂老之年、大病初癒之際，不得不爲我操憂。相信，這一星期以來，阿爸一定焦灼的四處奔走，拜託能拜託的人，探聽我的消息，希望知道我的落腳處。

噢！剛剛那班長不是說今天是二月二十八日嗎？對了！我想起來了，二十二年前的今天，發生的不幸的事件，成爲台灣人直到今天不敢說、不敢講的噩夢。正因爲那次不幸的事件，改變阿爸的觀點。阿爸雖然生活在日本殖民時代，對日本人的鎮壓，對日本人將台灣人視爲清國奴，內心充滿著憤怒，總希望台灣有朝一日，能夠回到中國的懷抱。一九三七年，當我降生到這個世界時，長我兩歲的姊姊取名瑞芳，我呢？阿爸不顧一切的取名爲中統，這個含義，明眼人一看便知是有「中國統一」的意義。那時，阿爸是一名國小的教師，他深知在日本的殖民之下，他只能在日本人奴化教育下做一名奴化下一代台灣人的工具；因此殷切的盼望中國統一。爲了我的名字，引起埔鹽國小日籍校長的注意，認爲阿爸爲我取名中統之名，非常不妥，在他的壓力下，阿爸只有將我改名爲陳一郎，一待抗日戰爭結束，台灣光復。阿爸毫不考慮的攜帶我們兩個孩子回到台灣，並將我的名字恢復爲陳中統，以及後來二媽生的兒子取名爲陳中和（不幸一歲時夭折），三媽生的兒子爲陳中平。主要意義爲「中國統一、世界和平。」可是台灣光復不到兩年，便發生了二二八事件。阿爸親眼目睹，國民黨軍隊的鎮壓、屠殺台灣的同胞的菁英分子，雖然也有不少外省同胞，被某些類似日本浪人的台灣人的殺戮。但同血統的同胞相互仇殺，使阿爸感到心寒。待大陸國共內戰，國民黨敗逃台灣，更是草木皆兵，白色恐怖籠罩全台。從此，阿爸對「祖國」不再懷抱任何希望，一再叮嚀我們子女，不要涉入政治，不要過問「國家大事」。

現在，我卻因爲理念上的觀點，遭到警總的逮捕，阿爸情何以堪？想到這裡，我眞是愧爲人子，再想到新婚未及滿月的妻子——憲子，何辜遭受這種焦灼和恐懼。不過，我想到自己在台灣生長、求學、服預官役……及至日本留學，雖然在思想上有了轉變，此一轉變，完全建立在眞理、正義、人性的一面；而不是以暴力、以武力來推翻不合理的政權。

中華民國表面上高喊民主、自由、人權……可是，我卻在不合法、不合理、不講法治的環境，遭受逮捕。三天兩夜的疲勞審問，要我寫自白書、寫祖宗八代的底細，這那裡是民主、自由、人權的國家。促使一些傀儡的立法委員、國大代表、萬年民代，訂立什麼戡亂時期……條例，入人於罪，使我在這灰漆漆的牢房中，叫天不應、叫地不靈。蒼天啊！那有蒼天啊！

「陳中統！」外面兇巴巴的喊我的名字。

將我從沉思中驚醒，隨即聽到似乎是班長打開鎖鑰的聲音，並且走進牢內，望著我說：

「你趕快隨我到偵訊室去。」班長跟在後面，惟恐我逃跑似的。我因皮帶已被拿走，經過三天的疲勞審問，和衣而睡，早忘記自己是怎樣雙手提起褲腰進來的，現在只有提著褲腰跟著班長，走出牢房，而且發現腳下承他們好心，已給我一雙拖鞋，原來的皮鞋也早已被收起，可能因爲皮鞋上有鞋帶，也是防止我用來「自殺」的。

提著褲腰踽踽而行，那種狼狽模樣，自己看著也覺得好笑，可是，那能笑得出來呢？向前走了二、三十步時左轉右拐的，便到了前幾天偵訊問我偵訊室了。一看，使我不得不睜大眼睛，今天偵訊的氣派，眞夠嚇人，原來三位上校——孫上校、崔上校、黃上校三位組長已經排排坐在長桌的一邊等我啦！桌旁另外有一名尉官準備紙筆及錄音機，似乎只待好好做一個了結。

從三位上校的位置看，黃上校坐在中間，似乎是「主審」，也是資深上校，在他左邊是崔上校、右邊則是孫上校。班長一進門，便行了舉手禮：

「報告！陳中統帶到！」

「好！好！你出去吧！」黃上校以手一揮，那位老士官又行了舉手禮，走出門外，立在門口，當然，門隨即被關上，只是門裡左角，還有一名班長恭立。見到我，黃上校笑著說：

「陳中統！這幾天委屈你了！請坐！請坐！」指了指面對他們的椅子。

「謝謝！」我坐下來，才把雙手從褲腰上放下，心中還是擔心長褲會掉下來。

「陳先生！我與崔組長、孫組長及其他幾位校官，是偵訊你參加台灣青年獨立聯盟的小組。」還是黃上校說，他又客氣稱我為先生了，眞使我受寵若驚。

「前幾天的問話，以及你寫的自白，經過我們詳細研究，覺得你還不夠坦白、誠實。」黃上校的口氣變得嚴厲起來。

「我能寫的，我能講的，都已講得很清楚，寫得很明白。我非常坦然，沒有什麼可以隱瞞的。」我經過思考，坦蕩蕩的說，更以爽快的語調講：

「假如我眞有什麼問題，爲什麼不待在日本，還要回到台灣來？」

「事實上，在你的住處，我們搜索到你從日本帶回來的獨立宣言，那是台獨分子彭明敏、謝聰敏、魏廷朝三人聯名撰寫的反動宣言。」孫上校厲聲斥責。

「同時，你在日本經常與侯榮邦來往，是不是事實？」

「我已講過，只是偶爾見過幾次面。」

「更重要的，你是否認識陳永善？」黃上校好像抓住了我的罩門。

「認識，從成功中學時代，我和陳永善便是同班同學，直到高三那年，我們才不在同一班，他讀乙組，我讀丙組。」

「那麼，你是否知道他在去年已因思想左傾，經常寫一些宣揚共產主義的社會小說而被逮捕了？」還是黃上校問，語氣更嚴厲。

「陳永善學文，他的小說寫得很好！同學多年，私人情誼我不否認非常好。但，對某些事情的理念，我們有些不同想法，誰也影響不到誰。」永善去年被逮捕的事，我在日本就知道，當時日本的報紙即曾報導這件事。

「但是，陳永善在口供裡曾承認，是受你影響。」崔上校的話，使我一聽，就知道是一句詐騙的謊言，永善會講這句話？打死我也不相信，假如永善受我的影響，他會有大中國、中華民族的想法嗎？永善是人道主義者、是社會主義者。而我呢？我熱愛台灣，以台灣為本位。但，我與永善私人間，有著莫逆的情感。

「還有洪銀環、林桂陽兩個人，也是你的同路人吧？」孫上校接著問。我知道桂陽、銀環兩人已和我一起被逮捕了。

「你們是不是還有一個『台灣第三行動隊』的組織？」崔上校緊逼的加問一句。

「我剛從日本回來不到兩個月，那有這個本領？」我不得不笑了。

「陳先生！我們希望你將一切誠誠實實的寫下來，我們專案小組，也不希望事情拖太久。一來對你不好，二來也使我們爲難。」黃上校似乎在做總結：「像你這樣受過高等教育又從事醫師工作，政府愛護都來不及。一時的偏差，政府是可以原諒的。」

「我們希望你重新寫自白書，最好從你年幼時的家庭生活、學校生活，以及到社會工作，都能一字不漏的寫明白。例如你小學時代、中學時代、大學時代的校長、老師、同學對你的影響都一一寫出來；當然，你不可能完全記得清楚，盡你所能的寫。還包括你的家庭生活，你的親友都能一一交代清楚，我們可以從他們那裡了解你的狀況。我們專案小組絕不會冤枉好人，何況說不定沒有罪呢？」崔上校故做好人。事實上，我早就明白，國民黨的情治人員如果能夠查破一件「叛亂案」，獎金夠他們享用呢！因此，二、三十年來，在屈打成招之下，不知道有多少人白白送掉了性命或是冤枉的坐了幾十年牢。

「陳先生！你還沒有用餐吧？我要他們替你送早餐來，吃完早餐，你就在這裡，仔仔細細的想一想，完整的寫一篇自白書，千萬不可以草草了事，含糊了事，這關係到你的未來。」黃上校面似和藹的說。

「請問！我的家人知道我在這裡嗎？」我不得不焦灼的問。

「我們會通知，這個你放心，需要什麼你寫出來，只能寫需要的用品，其他的不能寫。」孫上校講。

「我能見他們嗎？」我明知不可能，還是不得不問。

「這個，我們做不了主，事情有了眉目，遲早會讓你與家人見面，時間掌握在你手裡。」黃上校又做了「好人」。

「我能抽菸嗎？」我又問。

「在此時此刻，本來是不可以的，不過，爲你能思考，能好好寫自白書，我們特准你可以抽菸。但，千萬別以菸來做傻事。」崔上校說。此時，一名班長端來了早餐，我實在感到餓了，便不客氣的「狼吞虎嚥」起來。

第五章　阿爸阿母悲愴淒迷的愛情

一九六九年二月二十八日　警總六張犁看守所

寫！寫！寫！寫！寫吧！自白！好一個自白書。三位組長已經到外面去休息了！只留下一名尉官級的「書記官」和一名看守我的衛兵，我知道外面還有那名老班長。承他們的情，允許我吸菸，對菸癮本來就大的我來說，不啻是增加寫自白書靈感的妙藥。只是，點菸的打火機都掌握在衛兵手裡，我不能一支接一支的吸！也許是防備我以打火機來個「自殺」的動作吧！其實，我根本沒有這個念頭，我沒有覺得自己犯下「死罪」，爲什麼要「自殺」，豈不是承認自己有罪嗎？

寫自白書，剛來時三天兩夜的疲勞審問以及寫過的自白，他們不滿意，什麼地方不滿意？不講，我怎能知道？於是，我就從自己的家世寫起，最重要的寫下高中時代，自己愛國的行為，我記得那年，該是一九五七年（民國四十六年）五月二十四日吧；為了一名美軍顧問團的上士，在陽明山住所，槍殺了一名中國人劉自然。結果，該名上士卻被美軍顧問團的軍法官判決無罪，而且即刻送返美國。

這對當時的台灣，等於訂下了不平等條約，似乎美軍在台灣具有領事裁判權，引起全體台灣同胞的憤怒。那天，雖是炎炎夏日了，卻有很多民眾到當時位於台北北門的美國駐華大使館前抗議。聚集的民眾越來越多，記得，我那時正在成功高中讀三年級，知道了這件事，也邀約了全班同學，前往「助威」，表達我們青年人的愛國情操。後來，群眾失控，衝進美國大使館，降下美國國旗，燒毀了不少文件……引起美國嚴重抗議，最後，國民黨政府向美國道歉，並且對當時的憲兵司令、衛戍司令、警務處長等撤職。這就是俗稱「劉自然」事件。

我在自白書強調這一點，並不是為自己尋找「脫罪」藉口，在自白書中，我也寫出自高雄醫學院畢業以後，服預官役，分派到小金門擔任少尉軍醫，看到軍中某些政工人員以黨領軍不合理的現象，更坦白寫出自己在衛生連熱心爲官兵及當地民眾治療疾病，曾被輔導長鄭義呈報爲「愛民模範」；可是，由於我對某些不合理的管理，在生活檢討會（榮團會）中仗義執言，更爲某些充員戰士說了眞話，而被視爲「問題人士」，替他們打抱不平，竟被輔導長向團部打了「小報告」，結果團部保防士官私下將消息告訴我，使我深感政工人員的兩面手法，怎能團結士氣，完成「反共必勝、建國必成」的使命？

當然，在自白書中，我不諱言服員預官役，留學日本的經過以及對某些觀點的修正和改變。附帶的直言，政府爲什麼不思考，很多原先熱愛國家，願爲政府貢獻所學的青年，卻一改過去的觀念與思想；對這些，而以某些法條規定，治之以罪？並以自己爲例，只不過是讀了一些與政府政策不同的書刊，參加青年人類似「讀書會」的聯誼與生活成長性聚會，這個不是組織的組織，便成爲「罪犯」？

另外，洋洋灑灑的寫下一連串，從小學到大學，校長、師長、同學的姓名；其中年代久遠，早就不記得了。這麼寫是「專案小組」特別叮嚀交代，我也不得不寫。能記得多少，就寫下多少。至於「專案小組」要我寫下這些名字，眞正理由何在？實在搞不清楚。只有祈禱，被我寫下姓名的校長、師長、同學以及朋友們，不會因爲我自白書有了他們的姓名受到牽連。何況，我還只是被偵訊，是否有罪，還未定案呢？如此一想，我的心也就寬敞，認爲寫下他們姓名，不會使他們遭到麻煩。

吸了幾支菸，十行紙竟被我寫了將近十張，想想自己求學時，不論作文或是寫學術報告，從未有這樣的快捷下筆如飛的文思。寫完了自白書，交給坐在一旁的尉官，他接下看也沒看，只淡淡的說：

「我會交給長官！你可以回房了。」隨侍在旁護戒的班長，隨即要我站起，我還想帶走未吸完的那包總統香菸。

「不行！在裡面是不准抽菸的。」衛兵班長慢條斯理的講。

無奈！在那獨居的牢房，沒菸抽，我豈不要煩死？有辦法嗎？看來，還是無奈！打開門，尉官在前走出，我在中間，戒護班長緊緊的跟在後面，老班長在門外，看到尉官，急忙行舉手禮。班長在前面，我在中間，衛兵班長在後……我又回到單人「中統套房」。免不了開門、關門、上鎖的一套手續，我似已忘記自己雙手提著褲腰的尷尬模樣了，不一會兒，小門打開，一名充員戰士，遞進了午餐：

「陳中統！吃飯！」我才想起，一個上午就熬過去了。

我吃得下嗎？不吃行嗎？這種免費飯當然食之無味！隨意的吃了幾口，置之一旁，身心都感到困乏，還是和衣躺下，但輾轉睡不著，不由的又想起年已花甲的老父，這幾天一定焦灼得頻添了不少的白髮……。恍惚中，又回到父親的年代……

一九三〇年　彰化縣埔鹽鄉

阿爸考取台中州台中師範，既成事實，爺爺除了將大伯父狠狠的打了幾巴掌，罵了幾句，加上池上老師的再次拜訪，爺爺也就首肯讓阿爸去免費讀書，何況吃、住都在學校，每當寒暑假還是回家，可以下田幫忙農耕，爺爺才知道自己兒子朝安是可以改變家風的下一代。阿爸為了不辜負大哥、老師等人的期望，勤奮努力讀書，對有關教育兒童方面的功課，更是夜以繼日研讀體會，努力不休。

辛勤奮發的讀了六年，在昭和五年（一九三〇年）終於畢業。那時，台灣是日本殖民地，日本為了皇民化，概以天皇名號紀年。台灣百姓除了讀書人，一般販夫走卒，識字不多的平民百姓，根本不知道什麼西元或公元，加上日本稱本土為「內地」，至於滿清王朝已被國民政府推翻，居住在窮鄉僻壤的農民更是不知道這些訊息。

當然，阿爸是師範畢業生，既識日文、又識漢字，了解到世局的變動。畢業後，分發到台中州家鄉（現為彰化）溪湖國小擔任教師，（那時並沒有彰化縣的設置，是屬於台中州的一部分）。回到自己家鄉擔任老師，對被殖民的台灣來說，這是非常榮譽的事。可是，阿爸在學校中，看到不平等的待遇。校長、副校長都是日本人，同樣做老師，「內地」來的日籍老師，待遇要比台灣籍老師好很多倍。另外，阿爸雖然想繼續升入大學，在台灣卻無法實現，必須要以自己的金錢，申請到「內地」去讀書，而且所學的科目有所限制，不能讀政治與法律等等。若是以擔任教師爲滿足，最多只能做到教導爲止。這種不平等的環境，年僅二十歲的阿爸深切感到作爲殖民地人民的不幸和痛苦。

在溪湖國小擔任老師，有位來自大甲的女老師郭然，她畢業於彰化高女。郭然年齡與阿爸同歲，面貌清秀，蕙質蘭心，與阿爸時常交換教學心得，非常談得來，由於郭然老師家住大甲，在那交通不便的年代，無法通勤，住在溪湖國小分配的女老師宿舍，阿爸因爲住在埔鹽，對郭然照顧周到。共事多年，兩人日久生情，由同事成爲異性好朋友，進而成爲情侶，那個年代，男女自由戀愛的自由風氣還是視爲「叛逆」，再加上郭然來自大甲名門之家，父親是大甲地主，育有三男三女，郭然是長女，聽到自己女兒竟然與一名佃農的兒子、一名小教員談戀愛，而且非君不嫁。認爲門不當、戶不對，極力反對。

可是，阿爸與郭然（也就是我的生身阿母）兩情相悅，尤其阿母在兩位妹妹、哥哥和弟弟的支持下，來了一次「家庭革命」，非陳朝安不嫁，而阿爸也非郭然不娶。經過戀愛的長征，有情人終成眷屬，兩人成爲夫婦。當時，外祖父見情勢已發展到這一階段，只言希望陳朝安將來不以做一名教師爲滿足，能夠再求深造，做醫師或律師……。

一九三五年（昭和十年），阿母有身孕，生下我的大姊瑞芳，一九三七年十二月，我來到世間，那正是日本發動全面侵略中國的民國二十六年，阿爸爲了嚮往祖國的統一，爲我取名「中統」，含意便有中國統一的意思。當日籍校長知道阿爸爲自己長子取名爲「中統」，便對阿爸說：

「你爲兒子取名『中統』是大大不可以，我可以了解你的意思。假使被皇軍知道，你的後果……」日籍校長便好意的接著說：「將來小林總督要奉天皇之命，實施皇民化，你何不將長子改成日本式的名字？

阿爸爲了不添麻煩，對日籍校長的建議表示答應，將我的名字塡爲「陳中一郎」，阿爸心裡想，這還是暗含中國統一的意思，何況總有一天，我的兒子，還是叫陳中統的。又三年，阿母生下妹妹瑞麗，那是一九四〇年（民國二十九年）的事。當時，中日戰爭火熱進行，不到一年歐洲德國已發動進兵波蘭，歐洲大戰已引爆。阿爸爲了實現岳父的希望，同時在阿母的鼓勵下，辭去溪湖國小教師的工作，努力再進修，準備到日本「內地」深造。阿母對阿爸說：

「阿安！我獨立帶三個孩子，你放心到「內地」去考醫學院，將來回家做醫師，不使我阿爸失望。經濟上我的薪資可以支持你。」

「我可不要你向阿爸要錢來支持我去『內地』讀書。」阿爸是一個極爲倔強的人，不希望因爲自己求學，而要妻子向娘家伸手求援，因爲他明白外祖父是大甲的地主。

「阿安！你放心啦！我不會向阿爸伸手要一文錢的。」

皇天不負苦心人，通過考試錄取，阿爸終於乘船前往日本岡山大學附屬醫專求學。阿母一面在溪湖國小教書，在家撫育三個孩子，在我模糊的記憶中，阿母每次放學回來，還要到日本人家去打掃、洗衣服，以增加收入，維持家用。可能舅舅與阿姨，也會時時的來照顧。爺爺、大伯父、叔叔們，雖然生活窮苦，自然也會協助。那時，我只有兩、三歲的光景，阿母的容顏，如今在記憶裡依稀模糊難忘，但是，待我長大成人，從阿母留下來的照片中，阿母永遠是年輕的、美麗的媽媽；難怪阿爸會對阿母一見傾心鍾情。

阿爸去日本後，專心研讀醫學。待珍珠港事件發生，美、日宣布戰爭，太平洋戰火越戰越烈；最初日本似乎勢力擴大，美軍在太平洋的島嶼，逐步爲日軍占領。爲了後援，日本擴大兵源，日本內地的醫師都被徵召入伍，但對台灣學醫的學生，並無徵召的規定，這樣反而使阿爸更能專心習醫。

可是，天有不測風雲、人有旦夕禍福。阿母白天要教書，又要操勞家務，不幸感染腦膜炎。在一九四〇年代，腦膜炎與肺病是無藥可治的病症；爺爺、大伯父以及外祖父、舅舅、阿姨們雖然緊急將阿母送醫，仍然無法使阿母痊癒。於是拍了急電給阿爸，要他趕快回到台灣，見阿母最後一面。阿母在意識清醒時，還叮嚀家人，不要拍電報給阿安，要他好好習醫，學成再返回，她死也瞑目，只是她捨不得留下三個孩子……。這是我童年記憶中最大的傷痛，每一思念至此，內心都會悽然……

在那個時代，從日本返台，自然沒有飛機可搭，只有坐海輪到台灣，阿爸在基隆下船，趕到台中州醫院，阿母已陷昏迷，意識完全不清了，阿爸流著眼淚，緊握著阿母瘦弱的手，撫摸她消瘦的臉龐：

「然！然！我的然！」儘管阿爸千呼萬喚，阿母再也不能從昏睡中醒過來了，去世時年僅三十二歲！當時，年不滿四足歲的我，再也看不到親愛的母親了，再也不能依偎在慈母的懷中……。

料理完阿母的後事，阿爸爲了完成阿母最後的心願，仍然去日本繼續學業，可是又放心不下三個孩子，那時大伯父的長女已有十六、七歲了，阿爸便與大伯父商量，請堂姊一同去日本，並且將姊姊和我也帶到日本去，因此，瑞麗妹妹留在台灣由祖母照顧。我不滿四歲，便與姊姊隨著阿爸到日本岡山，阿爸租了房子讓堂姊帶我們兩個孩子。當時，阿爸在台中州師範學校求學的好同學劉添貴，也在日本岩手醫專念醫學，知道阿爸的困境，一面求學、一面又帶兩個孩子，便介紹他的妹妹劉滿妹作爲阿爸的續絃，好帶大三個孩子，阿爸對添貴的好意感激不盡，那時適逢中國抗日勝利，日本昭和天皇在一九四五年八月十五日，宣告無條件投降，立刻收拾診所業務返回台灣。因爲舅舅劉添貴醫師在中和鄉南勢角工廠醫務室服務，全家人便在中和鄉定居。

當年我已九歲，回到台灣，阿爸立刻將我的名字恢復爲陳中統，並到中和國小讀三年級，可是，我一句台語也不會講，國語更不會說，只會說日語。但在中和國小讀書時，終生使我難忘的導師張素娥，對我很好，個別教我講台語，使我的學業不至於跟不上其他同學。台灣剛剛光復，台灣人民在受盡日本殖民統治五十年之後，又能回到祖國懷抱，眞可說是全島同慶，無不歡欣鼓舞。

阿爸娶了二媽劉滿妹，在中和診所行醫，鄰居中閩南人固然多，但，也有客家人。有的醫師不會講客家話，但中和診所的先生娘，卻是客家人，於是阿爸被稱爲客家醫師，直到我長大學醫，仍被稱爲「客人仔醫師的子」。二媽爲阿爸生了一男三女，男孩是我同父異母的弟弟，取名中和，不幸一歲時夭折，三名妹妹依次名爲瑞華、瑞玉、瑞珠，妹妹們讀書都很好，高中都考取北一女。不幸的是二媽劉滿妹，在一九五二年，罹患心臟病過世，對阿爸來講，又是一次喪妻之痛，留下五個女孩和我，阿爸又再次續弦，娶了三媽邱秀微，三媽生了一男一女，男孩取名中平、女孩取名瑞碧。直到現在……唉！三媽在照顧阿爸時，看到我被警總關押，一定責怪我這個不孝兒子，爲阿爸增添煩惱。

想到這裡，我困倦已極，二月的寒氣，在這牢房中，更顯的陰濕，我和衣躺下，蓋上那薄薄的棉大衣。內心不由的大喊：「阿母！阿母！您在天之靈知道嗎？您唯一的兒子，已長大成人了！您的兒子也是一名醫生！可是，您的兒子，卻因爲莫須有的罪名，被逮捕、被拘押，使您鍾愛一生的牽手，爲您的兒子痛苦！東奔西走，企求獲得自由，阿母！阿母！」我依稀看到慈母的音容。

第六章　「中統套房」的希望、等待！

一九六九年三月十二日　警總台北保安處看守所

法國作家大仲馬在他著名的長篇小說《基督山恩仇記》，寫下如此最後一句話：「人的一生在希望與等待中度過。」不錯！希望與等待，概括了人的一生，正因為人對生活，不論是現在、未來都懷抱著一個希望，有了這個希望，才能有一股衝力，使自己活下去。爲實現這個希望，不惜一切代價去工作、拚命，等待這個希望的實現和來臨。而且一個希望等待到了，又有新的希望在產生，這樣希望與等待、等待與希望交織的綿延進行。最重要的有了希望，不能只是等待，而不去實行。不去做、不去努力實踐，那個希望永遠是空中樓閣、海市蜃樓，永遠等待不到的。希望便成為幻影而不是理想了。

我待在六張犁保安處看守所，已經十多天了。審問、寫自白書反反覆覆的一再進行；不知道希望是什麼？不知道等待什麼？絕對不可能說沒有，只希望一切都是虛擬、都是不實際的，只是一場夢。夢醒，我依然生活在阿爸的身邊、清秀美貌的妻子依偎在我的懷中。可是，每當衛兵的腳步聲，在我的耳旁走來走去，或是聽到查哨老班長的吆喝聲、充員士兵兩隻皮鞋併攏端槍敬禮時，我又醒了。我只是被關押在這囚牢的「重要人犯」，是「等待」起訴、判決的「囚徒」。其實，我的高等學歷是白讀的，除了醫學，法律常識對我是一片空白。什麼是檢察官、什麼是法官、什麼是調查員、什麼是保防官，在我眼中，他們都是「法官」，掌握我未來的「有罪」或是「無罪」。

回想過去三十多年的生涯，我有過希望，也努力實現希望，而希望被我等到了。當我高中畢業，我參加大學聯考，考取了台大農學系，那是多麼興奮，全家親友為我高興的日子。連識字不多的一生務農為業，身體強壯的祖父，聽到他的乖孫考取了農學院，更是高興的不得了。他始終不滿五個兒子之中，只有一個兒子傳承他的農耕「事業」。現在，他將會將那有土斯有財，土地即是生活唯一財富的希望，寄託在他乖孫的身上了。

可是，一年後，我發現自己對農業學科，實在沒有多大的興趣。也許來自阿爸的影響，我對醫學具有特別濃郁的感情，於是在第二年轉考高雄醫學院，這使阿爸卻非常的興奮，以高亢的語調對我說：

「中統！你能考高雄醫學院，我非常贊同；努力攻讀，六年之後，不要以做一名醫師、以賺錢爲目的；而是要做眞正的醫師。擴大自己的醫術、去服務更多的病患。」我牢記阿爸的話，要「做很好的醫師」。阿爸更說：

「如果要發財，那就不要當醫師；去做生意人，那豈不賺錢更快、更容易。」

多少年來，阿爸在那未開發的窮鄉僻壤（五十多年前的中和市算是鄉下），經營中和醫院，（中和市的開發繁榮，是近二十多年的事）爲鄉民們治療疾病，除了門診之外，阿爸對一些距離診所較遠、病情較重、無法到診所門診的患者，不論白天、夜晚、刮風下雨，只要有患者家屬來求診，他這名「客家醫師」，都會二話不說，提著出診包、騎著單車到患者家中出診。遇到患者家境清寒，他診療費、醫藥費一文不收；發揮了醫師的愛心。等到他年事稍高，他不騎單車，總是用一部三輪車去患者家中出診；經濟改善了，收入增多了，他從不想爲自己購置一輛私家轎車。阿爸認爲那是奢侈、是浪費。他雖是一名收入中上的醫師，生活簡樸，管教子女，嚴父兼慈母，兩個兒子、六個女兒，都異常的嚴格。因此，我們兄弟姊妹，也未使阿爸失望，人人都能考到第一流的中學和大專院校，不使他老人家失望。

阿爸對其身為長子的我，更具有特別的期望，從我懂事開始，他呵護我、也嚴教我，犯了錯，對我的責罰也比任何姊妹都來得嚴重。記得在讀小學時，學校旁有個小溪流，夏天天氣炎熱，放學後，耐不住那炎熱，我偷偷的與同學，跳到小溪游泳，有人去告訴阿爸，阿爸氣急敗壞的將我從小溪叫起來，回到家，拿了一條粗麻繩，要我脫了上衣，赤膊綁著我，帶到外面南山路頭的橋畔，綁在橋頭上「示眾」。鄰居的伯伯、阿姨，沒有一個人敢來說情，從沒人看過平時親切和藹的「客家醫師」，會發這樣大的脾氣。阿爸事後才嚴厲的告誡我，這樣處罰我，是為我好，是為了維護我生命安全，因為他知道我是一名「旱鴨子」，那時並不會游泳，怎可以私自下水。

「專案小組」問了、「三堂會審」也問；自白書更是重重複複、複複重重的寫了好幾遍。除了由老士官交來重寫之外，三位組長，自二月底後，就沒有再傳呼我去問話。能傳喚我，至少我可以到外面走一走，也可藉問話抽幾枝菸，解解菸癮，總比一個人關在「單人房」來得好多了。一個人悶得發慌，又不准吸菸，遇到較和氣的班長站衛兵，還可以與他搭訕、搭訕，說說話、聊聊天；遇到膽小的班長，那一句話也不能說了，因為他怕長官來查哨，衛兵與「犯人」聊天，輕則責罵幾句，遇到小題大作的長官，說不定禁足、不准放假，那豈不是害了他。

十天來，不聞不問，眞使我不了解他們葫蘆裡裝什麼藥，究竟要把我如何處理？再想到家裡的阿爸、妻子、姊姊、妹妹、弟弟們，極可能比我關在牢房裡的人，還要來的著急吧？這種七上八下的日子，眞使我不解？聽人家說，關在牢房中，每天也有一定的時間放放風，讓囚徒在一定的地方，走一走、活動活動筋骨，互相可以談一談，甚至可以抽根菸，爲什麼這十天來，都不讓我離開房間？那眞是度日如年，一分一秒都比一個小時還要來的長，恨不得自己能有一雙翅膀，有那內力輕功，穿牆走壁，插翅而飛了。

吃、喝、屙、睡，都在同一個房間，只有每隔一兩天，衛兵押著我，自己提著馬桶，將自己兩三天的屎、尿，倒到廁所去，所幸是春寒料峭的日子，如果是七、八月的大熱天，這間「中統套房」一定是臭而不可聞也。不過，即使只是一兩天，最初，也難於忍受自己屙出的糞臭、尿味，但過了三、四天，就久而不聞其臭了。

實在耗不過，有天，老班長來查哨，我走到小窗口，放低了聲音，客氣的問：

「報告班長！我什麼時候可以出去？」

「噢！陳中統！你問俺？俺問誰？長官那會告訴俺？」一口的山東腔，我知道問也是白問，只好再倒在床板上去夢周公吧？當然，要夢周公，也要有那個福氣，人在牢中，忐忑不安，周公那會輕易的「來訪」。我是學醫的，多多少少對精神醫學也知道一些兒。這樣的精神虐待，也是警總保安處一套設計的招數，不使你精神崩潰，也使你精神耗弱，讓你在極度的虛弱中，從實招來，總比上刑、酷打來的文明吧？難怪，共產國家對政治犯，都會給予「精神病」的莫須有之疾，將人送到精神病院度過一生，即使不瘋的人，也自以爲瘋了！那比判了無期徒刑、死刑，還要來的殘忍啊！我會這樣嗎？才只有十來天，我就忍受不了，想想那些早年被送到火燒島（綠島）的政治犯、思想犯，十有八九被放出來，都患了癡呆症。而那「綠島小夜曲」，唱起來難怪也是凄凄涼涼，悲悲傷傷的！《綠島小夜曲》的作曲者，聽說是位師範大學的學生，被關在綠島寫出來的。

閒坐著發慌、躺下來也發慌，腦海中忽然想到中華民國的憲法；從讀初中直到大學，雖然不專修憲法，但是，也隱隱約約知道，中華民國憲法第二章即明文規定人民的權利義務，不是說人民的身體自由應予保障？不是明明寫著人民除現役軍人外不受軍事審判？不是人民有言論、講學著作及出版的自由？

憲法，國家的根本大法，任何法律牴觸了憲法，都屬無效，爲什麼到現在我卻沒有受到憲法的保障？只因爲我在留學期間，和幾名留學生談談台灣的未來，聊聊自己的志趣，卻被關押在警總的看守所？似乎要接受軍法審判，我們的憲法難道是擺在那裡好看，欺騙世人，以民主來掩飾實質的專制？我眞是想不通。

噢！我終於想通了，自從國民黨被共產黨打敗，撤退到台灣，宣布了非常時期，又增訂了戡亂時期臨時條款、宣布台灣戒嚴，又有一個非常時期懲治叛亂條例……這種「太上憲法」，等於凍結了泱泱大國的憲法。人民一切自由的保障，都被宰割，都被扼殺了，其他的都不重要。

我又想起，在軍中服預官役時，每三名士兵中，就有一名政治戰士，作爲監督，所有在公教機關的公務員、教師……相互之間要塡寫連保切結書，三人一保、五人一保……其中只要有一人出了事，其他人便遭了殃，我這次被關押、被逮捕，實在是自己太天眞、太沒頭腦了。不聽阿爸的話，不要關心政治，不要說三道四，豈不是好好過自己的日子，現在，漫長的未來，我將面對什麼？

在「中統套房」裡獨居，除了飯免錢，其他的用具，什麼臉盆、牙刷、毛巾、牙膏、擦屁股的衛生紙……「中統套房」是沒有的，所幸，我到中和派出所時，皮夾中還有數千元，我就用這數千元請看守所代我購買了。每天，最不方便的是褲子沒皮帶，站起來走，就要提著褲腰，二、三月天，脫了長褲，只穿短褲，又會冷。

將一切長的、利的，統統集中保管，以防我這「犯人」自殺，那眞是顧慮太多，以我學醫的立場，我要自殺，那用得著皮帶、或是什麼其他利器。我沒有犯下死罪，根本是無罪，爲什麼要自殺？其實，人眞的要死，那是太容易，一頭撞上牆，頭破血流，馬上就死，以棉大衣或是其他什麼細布條，甚至一個塑膠袋，都可以使自己窒息而死。

我只有等待，我不希望自己最好的歲月——三十二歲，不明不白的在監獄度過。人嘛！誰願意這麼早就終結自己？假使知道我這次回國，有這樣的後果，最不該的是娶了憲子……耽誤她的青春，使她爲我擔心、牽腸掛肚。想到這裡，我只盼望，不管我有罪、無罪，「仁慈」的警總保安處，早些給我個了斷，使我「心安」、也使我家人有個「譜」。

我唯一的等待，就是早早結案，有罪，要坐牢，總得在無法無天中，也該來個惡法判決；沒有罪，早早放我，我還有學業未了，我要創造自己的未來，豈可如此了事，誤我一生。

期待、盼望……三月十二日，這不是孫中山逝世紀念日嗎？不是一年一度的植樹節？對我似乎帶來了好消息？

「陳中統！」門外老士官的山東腔出現了。

「有！」我似乎知道有「消息」了，不管這個消息是「釋放」我，還是傳訊我，總比無聲無息好。

「將你的用具收拾、收拾！」老士官的山東腔響多了！隨著衛兵打開了牢門！

「轉監？」太不妙了，表示我還要被關押，只是換一個地方。老士官進來，看著將雜物收拾在臉盆中，我指指長褲，意思是沒褲帶，那能一手提褲子，一手拿臉盆？老士官這下心變好了，替我拿了臉盆，另一位班長，跟在後面，帶我左轉右拐，來到剛來時的看守所偵訊室。另有一名士官，將我原先扣押包起來的皮夾、褲帶……一起交給我，要我點一點，有沒有少了什麼，現場還列了一張表，以示帳目清楚，我看一看，那有心情點，只是見到那條皮帶似乎染上白白的濕霉了。最後，一名少校走出來，對我說：

「陳中統！今天起，你要轉押到警總博愛路保安處看守所。」

「我……我……」我想問個清楚。

「放心！到了那裡，自有軍事檢察官，會將你的案子問個一清二楚，我們軍方辦案，也是勿枉勿縱的。」少校以安慰的口氣對我說。

「是！是！這幾天，謝謝你們的照顧。」我不得不客氣的對他們說。

「不必客氣，我們只是做上級要我們做的事」少校也客氣的講。接著，另外，可能是警總保安處台北看守所派來的軍官，和這名少校講了一些話，似乎我「陳中統」是一件貨物般的，由六張犁看守所，移交給博愛路看守所了。而且要我在兩張紙上簽了名，蓋了指印……。

一輛計程車，前座一人，後座兩人挾著我在中間，直駛台北市區，一路馳駛，便到了保安處，這裡的看守所，建在地下室，到了所內，依照慣例，將我的身體搜查一番，原來的雜物，點交給保管的士官，這套手續似乎已成為一成不變的慣例。而後，兩名衛兵一前一後，押著我前行，我才發現這裡的牢房，一間一間，似乎是新建的，不是灰土牆，倒像是古代的牢房，我走過去，似乎聽到有人在輕輕敲鐵欄，轉眼一看，原來是林桂陽，再走過一間，又看到洪銀環，我和他們都知道，此時此刻，我們是不能講話的，但，從眼神中我們相互打了招呼！

走到八號房，士官打開了鐵鎖，要我進去，看來又是單人的「中統套房」了。不過，裡面的設備，似乎要比六張犁看守所好多了。我進去之後，士官便走出去，好像忘了什麼似的，好意的對我說：

「不可胡來！守規矩，在裡面，可以吸菸。」說完，這位士官，還留下半包新樂園給我，眞好！這名士官倒是菩薩心腸，我差一點兒要向他三拜九叩首呢！有了菸，孤獨就不那麼可怕了。

第七章　「罪人」的「博愛」牢房

一九六九年三月二十七日　台北市保安處看守所

自從三月十二日轉押到台北市博愛路警總保安處看守所，我心裡已有了底；所謂「專案小組」對我的罪名似乎已經「拍板定案」。否則不會轉押，顯示我在看守所的日子，得有一段長時間的偵訊、起訴和判決。雖然我心裡並不覺得自己有罪，可是在惡法也是法，什麼「戡亂時期懲治條例」，在情治人員無處不在、隔牆有耳的環境中，一言賈禍已屢見不鮮。台灣海峽、火燒島的海底，已不知沉沒了多少的冤魂。我將遭受到什麼樣命運，已不是自己能夠掌握的了。

另一方面，從六張犁「中統套房」來到這裡，使我排除了孤單、寂寞、恐懼以及無人交談、無菸可吸的苦惱與愁悶。看到洪銀環、林桂陽，我明白兩位好友與同學，極可能與我同一案件被收押。爲他倆的不幸，我感到難過。內心卻又似乎「有伴相隨」壯了膽，如果我們是同一案件被關押，我應該一肩扛起，他們應該是無辜的。而我明白，不論我們三個人，任何一人要拯救另外兩個人，都是無法達到目的的，對警總保安處的情治人員，「一網打盡」豈不是更能得到加倍的獎金。在「專案小組」偵訊時，永善（陳映眞）的「案件」，只因他寫了具有社會主義、人道主義，反映了某一些時代青年人爲窮人、爲拯救被壓迫人們的文章（永善的小說以及對資本主義的貶斥），便戴了一頂紅帽子。儘管與我的思維或有扞格，卻因爲曾是同學、好友，也把我們「兩案」牽扯在一起，風馬牛本不相及，卻「及」在一起了。或許這便是國民黨特工人員的絕大本領。

看到初中時代的同學林桂陽，他完全不顧衛兵的「虎視眈眈」的監視，隔著鐵窗叮嚀：

「中統！中統！加油！加油！要忍耐！忍耐。」

「我會的！會的！」我回應他。

一名衛兵見他喊我「總統！總統！」倒拿著卡賓槍，衝過去以槍柄作勢要打他扶著鐵欄杆的手：

「你想死啦！喊他總統？」

「少年啦！我的名字叫陳中統！」我看他年紀輕輕的，像是一名充員兵，便以台語口語對他說。後面那名老士官也跟著說：

「林桂陽！不許亂叫。小顧，他的名字確實是陳中統。別再鬧笑話了！」那叫小顧的衛兵，才停下衝過去的腳步，當然，林桂陽也不那麼傻，早就退到單人房裡面去了。只見小顧對班長說：

「他叫陳中統？爲什麼不改名？」

「不要囉嗦，好好押送他到八號房。」這名老士官，就是我第一天轉押來時，丟下半包新樂園給我的好心人。

在這裡，比在六張犁看守所好多了，雖是「中統套房」，卻可以到樓上的「洗澡間」。我自關押到今天，已是一個多月了。三十多天我沒有洗澡，雖然是冬末春初，生活在台灣的人，都曉得縱是冬季，再懶惰的人，每隔幾天，都要泡泡熱水澡。我被關押在六張犁看守所時，那有什麼澡可洗？全身癢兮兮，只有忍耐下來。到了博愛路看守所，明知案子已有了「定案」，能在「套房」吸菸，又能看到幾位朋友，那種孤獨感消失了，頓時，好像增添了勇氣，敢於面對現實。最使我「高興」的事，能從地下室到一樓的洗澡間去洗個澡，雖不是浴室，蓮蓬噴水，灑在全身，眞是無比的美好享受。更妙的一間一間的洗澡間，只用三夾板隔開，於是，與難友間雖不能赤裸裸「坦誠」相對，卻可低聲交談。

巧的是，有次沐浴竟是與銀環隔著三夾板可以交談了。銀環以感性的話對我說：

「統伯仔！你千萬不要承認，一切由我扛下來。」

「不！銀環！你比我年輕，我沒什麼好怕的。」我對他說。

「統伯仔！你還有新婚妻子，我單身，要宰要剮，聽憑他們處理好了！」

「銀環！我想沒有那麼嚴重吧？我們又沒有槍、又沒有刀、又不是武裝叛亂。」我還天眞的說。

「統伯仔！別想的那麼好，聽我的，一切推到我身上。」銀環是性情中人，他只有二十四歲，比我小九歲，卻被抓來了。

「不！絕對不！你和桂陽應該都是無辜的。」我知道在那種環境底下，保安處是將我們視爲「叛亂分子」，能「一網打盡」，不會放過我們當中任何一個人的。

「總之一句話，大哥！不管什麼罪名，都由我扛下來。你有老爸、嬌妻！」

我們還想慢慢享受淋浴之「樂」，一面低聲交談。浴室門口看守的衛兵，大聲喊著：

「時間到了，裡面的趕快出來，換第二批人進去洗澡。」原來洗澡也只有十五分鐘時間。「銀環！以後再說吧！」我對他說，匆匆的擦乾身體，穿好衣服，走出浴室，一個一個依序走出，銀環走在我前面，回頭看看我，我兩個四目相交相視而笑。回到八號房，我向衛兵要了打火機，請他爲我點上一支新樂園，深深的吸了一口，俗語說的好：「飯後一根菸，快活似神仙。」我可是「澡後一根菸，快活也似仙了。」不過，想到銀環的話，不知道他與桂陽被偵訊的時候，是不是與我同樣遭受了「疲勞審問」，想來，沒嚴刑拷打，「疲勞審問」已是不幸中的大幸了，看他們兩人的臉色，消瘦不少，我在他們眼裡，應是同樣的感覺吧！

現在，唯一使我不安的，還是不能與阿爸、憲子見面。這就是情治人員的「心理戰」，讓被關押的人，不知道家人訊息，也讓在外面的家人，不知道自己親人關押在什麼地方。說不定一些情治人員，利用這個「關節」，向家人胡講亂吹，先弄些好處再說，家人爲了被關押的人，受到好的待遇，對那些「情報販子」的話，亦就信以爲眞。我被關押了一個多月，相信阿爸一定用盡了心力，四處打探我的消息，不惜花用辛苦賺來的錢。

除了我之外，桂陽、銀環身歷其境，與我有同樣的焦灼、不安、恐懼，雖有壯士一去不復返情懷，畢竟我們是人，有人的脆弱性。桂陽的太太正懷身孕，待產，更是可憐。銀環的家人，一定與我家人有同樣焦灼情愫。所幸，我們還沒有「罪大惡極」到被送到火燒島，不審不問。和十多年前白色恐怖下被關押的「政治犯、思想犯」相比，我們已是夠幸運的了。

洪銀環是我在小金門服預備軍官役時，同一衛生連的充員兵，是彰化芬園人，非常努力勤奮、學習向上的青年，我與他年齡雖相差九歲，我是他的長官，拋下公事，他視我爲大哥，跟著我學習，希望自己退伍後，能夠去研究中醫。不知道怎會與我扯上，一定是我連累了他，他卻絲毫沒有怨言，要我不承認，由他扛「罪名」，眞是性情中人，我那能如此？

住在八號「中統室」，認爲是「套房」，沒想到緊靠著八號房隔壁，卻是一間殘酷的用刑室，一天夜裡，我半睡半醒中，被一陣淒厲的哀號聲，好像從悠遠夢中拉回來，聽到似遠、似近的人聲，只見厲斥的、半吼半叫的、斷續不完整的問話：

「你招不招……皮肉……哼！好漢！」語調沒絲毫情感，令人聽了，不由顫抖起來。

「我……沒什麼可說的……」氣若游絲，但語氣似乎仍有著正義凜然的氣慨。

「哼！我……知道……你們匪……見縫插針……來！」這一聲來字，在我聽起來令人毛骨悚然。繼而一聲淒厲的慘叫，夜深人靜的時刻，更是使空氣也凝凍了。

這樣殘忍用刑的偵訊問話，每隔兩三天，成爲我居住八號房特有心理上、精神上的懲罰。是不是以這種方式來威脅我呢？被偵訊的人，是桂陽？是銀環？還是其他的人？我祈禱，我在阿爸長期的感染下，雖不如阿爸那般信仰媽祖、信仰觀音菩薩，聽到這些淒厲的哀號，也合十默念……「阿彌陀佛、大慈大悲觀世音菩薩」了。

一九六九年三月三十日　台北市保安處看守所

我猛然想起，今天三月三十日，是我嬌妻憲子二十五歲生日，我本來預計在今天為她準備一份意外的禮物；沒想到一見鍾情的憲子，和我結婚不到一個月，卻遭天外飛來的橫禍，我被逮捕，使她心焦、使她惶然，除了阿爸、岳父、岳母，以及他的兄妹支持她、安慰她，在牢中的我，卻無法為她祝福！問了老士官，我可不可以寄封信回家？我可不可以寄張卡片給我的妻子，他只以山東腔對我說：「俺不曉得，俺做不了主，這得問法官。」看來，他是做不了主的，在他的心理，法官是高高在上的，他一名士官，根本沒有資格對上話。

慚愧！寄不出一張卡片給憲子，表達我的祝福。以後還有多久的長夜，要她苦守？還有多少的苦日子要她等待？她年華正輕，卻要為我空守閨房，要到何年何月？天啊！為何這樣折磨我？保安處就是這樣整人？為什麼不在我一回台灣，就在松山機場逮捕？為何不在我未結婚之前逮捕我？你們殘害一個年輕人，卻要在他結婚後，使另一名弱女子，也受到無形的苦刑煎熬，若是長期，我心裡已有了準備，不能要憲子苦守著我，她可以離我而去，她可以去尋找另一個幸福的春天，不能為我犧牲青春年華。我已下定決心，到了起訴、判決的日子，一定要向憲子表達我的情懷和這個強烈的想法。

一九六九年四月二十四日　台北市保安處看守所

偉大的警總保安處，真是「依法行事」軍法處為我送來一份檢察官具名延長羈押裁定書，文中冠冕堂皇的寫一堆延長羈押的理由，正是「法治社會」、「依法定程序」。軍事檢察官的名字、書記官的名字，對我是陌生的，他們問過什麼？在想像中，我還以為電影中的法庭會在我眼前出現，結果，不拘形式的問話，軍事檢察官是誰？我不知道，「專案小組」問過話。只是轉到博愛路之後，曾有一名身著少校軍服的「軍法官」，來問了一次、偵訊了一次，說話慢條斯理，也許那位便是軍事檢察官了。

我雖不懂法律，也不知檢察官與審判官的分野，卻相信國民黨不是一向宣傳「法治社會」，逮捕人民有一定的程序嗎？必須要有拘票、要有搜索票，被告在未請到律師之前，可以拒絕回答一切。國民黨長久以來，塑造自己民主、法治的外型，用以表達反共產、反暴政、反攻大陸、殺朱拔毛、解救大陸同胞的政治號召嗎？但是，對在台灣小島，嚴密的控制、封鎖、戒嚴、人民的人身自由，隨時可以在不知罪名的情況下，受到剝削。

收到這份延長羈押書，我哭笑不得，裡面咬文嚼字寫了一大堆延長羈押的理由，似乎我是十惡不赦的惡徒，似乎我的「叛亂罪」還有很多玄機未能一清二楚。是不是要從羈押我的時間裡，再「套出」更多的無辜，難道因我一個人，必須供出我所認識的親友、同學都是「同路人」。難怪兩個月日子以來，我不能接見親友、我不能聘請律師、我不能自由表述、我不能說出自己的眞情表白。

權力在他們手中，他們要怎麼說，就怎麼說。拘押、轉監、禁見、偵訊，沒有讓我十指穿心、品嘗罐汽油、坐老虎凳，以及慘叫哀號，已是天大的恩典，延長羈押，對我也是一件施恩，表示案情尚未大白。必須再詳加審問，才達到「毋枉毋縱」。多漂亮、多有法治觀念，我還怨怪沒有程序正義，沒有律師爲我辯護，眞是不識好歹。據知，延長羈押，起碼又是兩個月的時間，第一個兩個月，是「合法」的偵訊期，第二個延長羈押，也是兩個月，看來，我至少得在四月以後，才能解除禁見，才可以看到阿爸、憲子以及其他關懷我的親友、同學。我只能在這裡忍耐、忍耐、忍耐！

六十多天了，度日如年，不知未來的生命，能喊天嗎？能喊地嗎？遇到好的衛兵，還能和你說幾句，遇到脾氣不好的衛兵，眞把我當作十惡不赦的惡徒。他們的眼光，流露的是不屑、是出賣國家的叛徒，可見國民黨的洗腦教育眞正發揮「偉大」力量，一群剛入伍的充員戰士，短短的時間被他們訓練得如「獵犬」一般的忠黨愛國！將我們這一群人，都當作張牙舞爪、危害國家、社會、人民的漢奸、賣國賊……他們喪失了自我思考的能力，這豈是生活在寶島人民的幸福呢？

第八章　景美牢房的愛與死

一九六九年五月八日　警總景美看守所

「陳中統！將你的東西收拾、收拾！」老士官的山東腔，在吃完早餐不久，便在鐵欄外面大聲的喊起來！

「是不是換房？班長！」我客氣地問他，確實兩個多月以來，八號「中統套房」已讓我受夠了精神上的虐待。因為八號房的隔壁，便是用刑房，常常在午夜，我被哀號、哭叫聲音驚醒，以致睡眠中免不了有噩夢，現在能夠換房，距離刑房遠一點，應該是件好事。

「俺不曉得，你得離開這裡，到一樓去辦理手續。」老士官說，我知道可能是轉押到另一個看守所，會是火燒島嗎？那可糟糕透了！我內心打了冷顫。於是一面收拾雜物，老士官要我用軍毯包起，與衛兵一同押著我走出地下室牢房。到一樓看守所辦公大樓，一名尉官將我當初進來時「保管」的物品，一一要我點收，並在清單上簽名、蓋手印，表示並無缺少。

隨即三名便衣人員，前後「包夾」押我走出看守所大門，門外一排計程車，這時，我更明白某些計程車原來是警總用來跟蹤和欺敵的蒙面偵防車。但我與三名便衣所乘坐卻是廂型囚車，三人將我在後座「包夾」，與上次由六張犁看守所轉押到博愛路看守所不同的是乘坐計程車。更和上次不同，他們將手銬拿出來對我說：

「對不起！陳先生！我們必須將你雙手銬起來！」看來他們都很年輕，只有二十多歲吧？上手銬，不啻對我心靈是一大屈辱。我不得不說：

「你們三個人，我坐在中間，逃得掉嗎？」

「請原諒！這是規定。」另一名年輕人說。

「難道要把我押送到火燒島？」我試探的問。

「不會！到時候你就知道了。」

廂型車轉進羅斯福路直向公館方向奔去，我在裡面已聽說過警總最大的看守所是在景美，心裡有數，便笑著說：

「是到景美？」

「嗯！你要有心理準備，這一去總得有個三、五載。」其中一名口快的便衣者對我說。

「你們是……」

「我們是專修班畢業的。」

「嗯！」

「我的案子……」他們押送我的軍官，自然應該我的罪狀知道一點，我以試探的口氣問他們。

「對不起！我們只是負責押送，對你的案子一點也不了解。」其中一名說。

「可能是觸犯了戡亂時期懲治叛亂條例吧？」較高瘦的尉官說。我想引起他們的話題，可是雙手被「合十」銬住了，不僅想起「重刑犯」反手被銬的滋味，我已算是被優待了。這一路，我思維雜亂，醫學，此時此刻有什麼用？對法律卻是如同三歲孩童，一竅不通，將來阿爸不知要用多少錢爲我請律師，替我打這場官司。不由的想起成功中學時的同學張德銘（其後考進台大法律系，曾任立委、監委），他學法律，要比我醫學好多了吧？繼而再想，如果高中畢業以後我學法律，現在又是什麼情況？或是當初我在台大農學院繼續下去不轉高雄醫學院，又會是什麼狀況？人生的道路和際遇，眞是難以預料。所謂「生涯規劃」，有時候也會隨著環境的改變，有所不同吧？

正當我沉思的時候，「囚車」已駛進景美看守所的大門。似乎所有的看守所都是灰濛濛的水泥高牆，縱然辦公大樓「富麗堂皇」，也有著陰森森的煞氣。三名年輕的尉官，當「囚車」駛進看守所，才鬆了一口氣。其實，他們特別小心是有原因的，對一名犯下「叛國罪」的罪犯，押送途中若有所閃失，該是小小尉官承擔不起的重大責任，不得不將我看作殺人不眨眼的江洋大盜了，想到這裡，對他們替我上手銬，亦就怪不了他們。何況，他們畢竟是專修班剛畢業，沿途還說幾句眞話，使我面對未來有了一個底。在警衛室，依照前兩次收押慣例，點收了我應交出的雜物，在「包包」上簽了名，蓋上手印，三名年輕尉官，好像釋下千金重擔，向景美看守所收押的尉官，相互舉行手禮，辦完「交接」儀式，搖搖手說拜拜了。

轉押到景美看守所，並沒有「接待」我到「中統套房」，而是一間門號三十四的牢房，裡面已經關押了六、七名「囚徒」。警總不論那一個看守所，有一個「優點」，不似一般刑事案件的看守所，新進來的犯人，必會被裡面的老犯人「修理」，如果懂得「禮數」，則受到「優待」，如果不懂，那可夠受的了。裡面的管理員，睜眼閉眼，只要不出人命，新犯人受老犯人欺凌，視爲理所當然。而警總看守所，卻沒有這種「犯人」整「犯人」的惡劣現象。因爲關押的都是「政治犯」、「思想犯」，不論是戴「紅帽子」的、或是戴「白帽子」的，都是讀過書的，儘管意識形態不是「志同道合」，卻能相濡以沫同病相憐，因此，我一進入三十四號房，六、七位難友，雖沒有鼓掌歡迎，個個都以微笑向我自我介紹，其中使我最爲注目，便是第一個來向我握手的「囚徒」：

「我姓林名中禮，台大政治系，請教……」

「我姓陳，日本回來的，請多指教。」我謙遜的說。

「什麼案子？」林中禮又問。

「不知道，說我在日本參加了『台灣青年獨立聯盟』，回國不到一兩個月，就被關押到現在，已是兩個多月了。」我簡述經過。

「那麼與我都是犯了懲治叛亂條例第二條的罪嫌，不是同案罷了！這個罪名可不輕」林中禮面帶憂心。

「我不懂？我只是在國外參加一個團體，就這麼……」

「陳醫師！你那裡知道國民黨是將台獨與共匪放在同等位階，只要他們認爲你犯了這一條，明文是唯一死刑，運氣好的話，也得判十五年。」林中禮到底是學政治的，而且了解國民黨政權的作法，要比我這個只懂醫學的人強多了。

除林中禮之外，附近有同學陳映眞、有調查局前處長蔣海容、李世傑，還有林水泉，擔任過台北市議員，他是與林中禮、許曹德等人同案。另外，還有藍老師、郭老師，都在同一牢房；不是紅帽子罪嫌、便是獨帽子罪嫌。我剛進去，他們很客氣的「接待」我，除了林中禮與我交談，只說：

「我們沒有好的招待，你吸菸吧？」

「我菸癮不小。」我以爲牢房中，和我在博愛路看守所一樣可以吸菸呢。

「好！我們請你吸一隻老鼠尾巴。」

「老鼠尾巴？」我不解的問，這是第一次聽到這詞兒，難道菸有「老鼠尾巴」牌嗎？聽到我的話，他們都笑了。

「陳醫師！你不知道，牢房裡一支菸得來不易，於是我們將一支菸拆開，用其他的紙張，將菸絲分裝成七、八支，細細的像老鼠尾巴一樣，吸兩口來過癮。來，現在請你吸吸老鼠尾巴吧！」郭老師講完，拿出一支比吸管還要細、還要短以十行紙捲起的「香菸」給我，果然名實相符「老鼠尾巴」點燃了拿到口深深的吸了兩口，「老鼠尾巴」便燙到嘴唇了。

在三十四號房中，沒事時大家以閒聊和下棋打發時間，「老鼠尾巴」多的時候，人手一支；缺貨的時候，一支「尾巴」傳遞兩三個人各吸一口，過過菸癮，總比沒菸吸來的好。同時，林中禮雖是學政治的，對法律懂得也多，在這方面他對我的案情，提供了不少的意見，以及未來起訴之後如何答辯的技巧。大家既認爲被送到景美看守所，無罪開釋的機會是微乎其微。只有靜靜等待起訴和判決。

這裡每天都有十五分鐘放風時間，各牢房中的「囚犯」，都在大雜院中散步，沒想到在這裡見到了陳永善，他也關在景美看守所，利用這放風時間，老同學見面，分外感到親切而難得；他的案子已有了定奪，他安之若素，十年的有期徒刑，他只是對我笑笑，永善體格魁偉，個兒比我高了不少，大學畢業以後，永善一路走來，不改其思想。我呢？思維有了新見解，但並不妨礙我與永善的友情。一個中國、一個台灣，我們卻在同一條路上被視爲叛亂、判國分子。最初偵訊我的「專案小組」，竟將永善與我扯在一起，警總的特務人員，眞是能扯就扯，那管是否同一案件。由此可見，不知有多少人受到冤屈。

藍振基是金門人，曾經參加過國民黨部隊，作戰時，被共軍俘虜，千方百計的逃出匪區，回到自己的故鄉，脫下軍裝，努力讀書，師範畢業後，分發到彰化某國小擔任老師，娶了妻子，並且有一子一女，兒女還很幼小，只是在教課之餘，常常說一些眞心話，竟被學校的安全人員，打了小報告，說他曾被共匪俘虜，洗過腦，雖然逃回來，對政府施政不滿，思想有問題，常常爲匪宣傳，就這樣被警總抓來了，以參加匪黨再爲匪宣傳的罪名，按懲治叛亂條例第二條第一項罪嫌起訴，判了一個絕望的死刑，雖然在上訴中，但是沒有減刑的希望，只有祈禱上天賜福，大家當然安慰他……

每天放風的時間只有短短十五分鐘，這可是我們不同牢房的難友們相互交談的好時間。可是四周有班長探視，依照規定，我們是不能高聲講話，也不能交談，惟恐我們串共，其實大多數難友不是同一案件，有什麼供可串？更有的已經判決確定，只是以看守所代替監獄罷了！（謂之代監執行）如此嚴密監視，實在是多餘。遇到好的班長，亦就懶得吼吼叫叫，允許我們交談。

林水泉與我們不關在同一牢房，他可是聰明絕頂，也是放風時刻的「違規專家」，常常慢跑，以日語對我們大叫「加油！加油！」而且他神通廣大，很多外役都利用放風時刻，塞幾包香菸給他，他就分給我們老鼠尾巴的原料。同時，他也知道那位難友被起訴了，被判決了。他樂觀的天性，笑口常開，認為什麼政治犯、思想犯，除了判死刑，其他都會有出頭天。這種「無可救藥」的樂觀言論，對我們待起訴、待判決的難友，無疑注射了一支興奮劑，大家也跟他嘻嘻哈哈，跑跑慢步，頻頻笑談自如，可是放風時間太短，不過總比關在囚房好得多，看看藍天、白雲，沐浴一下陽光，身心舒暢，回到牢房神清氣爽。只是遇到天雨，放風就被「封殺」，只在牢房中悶悶不樂，猛吸老鼠尾巴。正因林水泉花樣多，一直被特別優待在「獨房」。

不同的案件、不同的因素，我們在牢房，成爲犯罪條例研究所，大多數都不懂，倒是林中禮畢竟是學政治，也涉獵法律，常常解析得條理分明，談起話來條條有理，分析清楚，成爲大家的「法律顧問」，獲益良多。

五月，在台灣已是夏季，氣溫逐漸高起來，六、七個人關在三十四號牢房，雖不致臭汗淋漓，也會感到悶熱難熬。這裡別說沒有冷氣，連電風扇也難以求得，若是牢門之外、或是高高鐵窗，偶爾吹來一陣微弱的「南風」，對我們已是刹那間、一瞬間的「清涼享受」。大家都在台灣土生土長，熱倒也忍受的住，唯一缺憾是菸癮難熬，「老鼠尾巴」奇貨可居。聽說一般刑案看守所中，某些管理員、戒護員都可以金錢買通，一包新樂園或長壽，價碼可觀，而寶島與總統更是「天價」了。什麼舶來品、三五也好、駱駝也好，只是夢想。在警總看守所，押房的班長，無此弊端，他們不敢以此來「勒索」我們這些「囚徒」。偶爾，吸菸的班長，還會偷偷的遞來一兩支菸，讓我們製作「老鼠尾巴」。

沒有菸吸，除了聊天、下棋（牛仔棋——一翻兩瞪眼的），就是談論個人案情。不過「山窮水盡疑無路，柳暗花明又一村」。某日警衛班長到三十四號房，喊了我的名字：

「陳中統！出來，輔導長要你去談話。」我心裡不明白，之所以要我去談話，難道又有什麼問題？「醜媳婦總要見公婆」，是好是壞，見到輔導長再說吧。於是跟在班長的後面上了二樓到輔導長室去也。一進去，我看見輔導長身著軍便服，肩帶上一朵梅花，是少校官階，我便向他行了一個舉手禮，他卻客氣的指了指辦公桌對面一張椅子示意我坐下，使我受寵若驚。班長走出辦公室，輔導長很和藹的對我說：

「陳中統！我是輔導長黃志誠。」

「輔導長！您好！不知道您找我……」我也客氣的對他說，因爲我關押了將近一百天，案子沒眉目，不知他葫蘆裡賣的什麼藥。尤其對政工出身的輔導長，不得不有所防範，說不定他桌子底下有錄音機呢？

「沒什麼要緊事，只是找你隨便談談……你吸菸嗎？」他這一問，菸癮立刻上來，趕忙點頭，黃少校隨即遞給我一支長壽，還爲我點菸，我趕忙站起來，連聲道謝。

「你在這裡還過得習慣嗎？」黃少校笑著問，也許他明白這是多此一問。

「還好！過不慣也得慣！只是這麼久了，一直……」我知道他是做不了主的。

「這個我也不了解，只是在這裡，如果你生活上有什麼不方便，可以找我，不要客氣，我會盡我所能協助你。」黃少校言辭中透露了誠意。

「我的爸爸和妻子能來看我嗎？」我提出了這項要求，我是多麼渴望見到阿爸和憲子。

「這個……我做不了主，總得等到案子有了決定。」

「什麼決定？」我不得不問。

「起訴或是不起訴。」顯然黃少校後面那一句話是在安慰我。若不起訴那會將我關押如此久？

「是不是怕我與家人串共？我的事與爸爸、妻子及其他親友都沒有關係。」我向黃少校說明。

「這個我知道，耐心等候。這段時間，生活上有事找我就好了。」黃少校直話直說，我心中想，黃上校能接見我，關照我，阿爸不知費了多大的關係，才能拜託到黃上校。

「陳先生！多多忍耐！」

「謝謝！謝謝！」看樣子，黃輔導長與我的談話到此爲止，看到他桌上的一包長壽香菸，我不客氣的說：「報告輔導長，這包長壽菸能……」我還沒有說完，黃少校就知道我的意思，笑著說：

「可以！可以！」而且，另外又拿了一包未拆封的給我，這下子三十四號房難友可有福了，而且，不到二十分鐘的談話，我已猛吸了二支，雖然頭昏腦脹也顧不得許多。回到押房，難友們看到我帶回一包半的長壽菸，大家都樂得很，至少，這一包半的長壽，可以做成好幾打的「老鼠尾巴」，足夠我們兩個星期的香菸食糧了。有了吸菸之樂，天氣再熱，也忘憂了。

另外，我們樓上牢房有位黃姓老師（黃正義），可能也是戴了「獨帽子」，來自宜蘭某國中，他有位學生，恰好是充員戰士，看守我們的外圍守衛，名叫黃東芳，他知道老師菸癮大，又不敢大大方方送菸，於是拜託我們三十四號房，穿針引線替他老師帶香菸上去，每次總要拉上去六包，不是新樂園便是長壽，我們自然樂於服務，只是吊歸吊，吊六包，我們的「運輸費」可得留下三包，如此一來，三十四號房，便成為樓上牢房香菸的轉運站。時間久了，班長及其他長官知道了，尤其這名充員戰士，還替自己老師送信回家，這下子，他便成了有替叛國罪徒傳送書信的罪名，被關押了起來，年紀不到二十歲的年輕人，蒙受了不白之冤，原先看守我們的衛兵，竟也成為與我們同一牢房的難友。

第九章　起訴與等待

一九六九年六月十日　警總景美看守所

寧靜的上午，三十四號囚房，早餐後，雖然六、七名共聚一堂，依照慣例，除了必要，輕聲細語交談之外，大多數時間各人做各人的功課。業經起訴的，最爲可憐可憫，例如以通匪罪被起訴的藍振基老師，腳上還戴上腳鐐，惟恐他身懷「輕功」一躍而起，飛出牢房，我不知道這種狀況已有多久，只是轉押進來共處一室，就看到他的行動極不方便。還有一位台中女中的老師郭子猷，也是被戴上腳鐐，他們兩人都是以懲治叛亂條例第二條第一項判決死刑，只是形式上還在上訴覆判。因此，他們兩人的命運凶多吉少，因此，極可能經過內心的吶喊、絕望之後，他們已將心靈寄託在宗教信仰上。

二條三項被起訴的林中禮，很幸運的沒有戴腳鐐，是否因未判決的緣故？同案的林水泉，被視爲「調皮搗蛋」，被關在「獨房」。早在去年被逮捕的陳永善，將他扯在與我同一案件，可說是牛頭不對馬嘴，到了景美看守所，放風時被看得緊，只能「見機交談」，或是以眼傳話了。

關押了將近四個月，有沒有正式偵訊，連我自己也搞不清楚，誰是檢察官，誰是法官，對我來講，看不懂、也聽不懂。到了景美看守所，才從林中禮等人的講解了解，看來頭幾次問話、筆錄、以及要我寫下祖宗八代、來龍去脈、學生生活、留學生生涯等等自白，可能就是決定我的命運。是否以二條一項起訴，在忐忑不安心境下等待。

「陳中統！」牢房外傳來老班長「唱名」高調。

「有！」我以「軍人」方式趕快應答，其他難友全注視到我身上來。

老班長打開那一扇小小的「狗洞」，遞進薄薄幾張厚度的「本子」，並以憐憫語調說：

「陳中統！這是你的起訴書。」同時，又遞送一個本子，「在你名字下面簽個名。」

「是！」我先在本子簽了名，還來不及詳看內容，林中禮便坐在我旁邊，拍拍我的肩膀，安慰我：

「不要怕，不管以那條起訴，總有答辯的機會。」對他的好意，我默默的點點頭。那時十六開的首頁橫印著「台灣警備總司令部」，直行三個大字「起訴書」。在起訴書上面蓋上紅紅的大印章。第一頁第一行「台灣警備總司令軍事檢察官起訴書五十八年度警檢訴字第一九六號」。第二行是被告陳中統，男，年三十二歲以及出生年月日、籍貫、職業、住址等等。認為我因叛亂嫌疑案件，經偵查終結，認應提起公訴，逐項寫明犯罪事實、證據及所犯法條。認為我觸犯懲治叛亂條例第二條第一項罪嫌，其全部財產除應酌留家屬必須生活費外，依同條例第十八條第一項沒收之。對洪銀環、林桂陽涉嫌部分另案處理外……提起公訴。軍事檢察官梁炳仁，書記官羅衡。

看完這份起訴書，我打從心裡涼了半截，依照二條一項起訴，判刑是唯一死刑，心中真覺得國民黨政權何其殘忍，我既未以武力「革命」，對我一名手無縛雞之力的學醫留學生，只因在日本參加了青年獨立聯盟，大家聊聊台灣未來前途，返台之後，便將我關起來，而且以唯一死刑的罪名加在我身上，天啊！這那有天理可說。我默然無語，還是難友們看到我的臉色，紛紛的安慰，並且遞來一支「武士」（整支的長壽香菸）：

「不要絕望，起訴歸起訴，判決歸判決。」

「好好準備，聘請律師爲你辯護。」

「相信，沒幾天令尊及牽手就會來見你了。」

你一言、他一句的，似乎起訴書反而使我解除了我與家人見面的禁令。畢竟他們都是一番好意。我只有裝著笑臉答以：「謝謝！謝謝！」

「中統兄！稍微冷靜、鎮靜，待幾天，我們來個預演，在這裡扮演軍事法庭吧！」林中禮做了結論，他畢竟是台大法學院畢業的，知道如何事前做好對自己有利的準備。

我坐在一角，再三再四的翻閱起訴書，對自己這一部分，猜想以唯一死刑的條文起訴，應是最不利的，面對判決死亡的「罪責」，不能說沒有恐懼。國民黨政權退到台灣，對待自己的同胞，訂定殘酷的法律。難怪在大陸兵敗如山倒。我只不過留學日本時，參加海外留學生的社團組織，再想一想，回到台灣兩個多月，我也沒有發展什麼組織，還將我初中的同學林桂陽扯上，更沒有道理的是洪銀環，他只是在我服預官役，同一衛生連的袍澤，他那時只有二十歲，是一名衛生兵，沒有高學歷，退役後，我看他勤勞努力，曾介紹給阿爸，在中和醫院跑跑腿打雜，後來他離開中和到基隆立志要學中醫，現在才二十四歲，竟也無緣無故說是受我影響，參加了「台獨聯盟」，難道凡是我的親朋好友、同學等等都是我的同夥？我有這樣的能耐？國民黨政權也眞是看得起我了。起訴書說林桂陽、洪銀環兩人另案處理，但願國民黨政權不要昧著良心辦案，能讓他們兩人無罪開釋，我縱然被起訴、被判決，亦可對起同學與朋友了。

放風的時候，我仍然依照往日一般到院子裡，走一走、繞一繞，見一見藍天、白雲，被陽光曬一曬。據說，按照以前的「所規」，剛剛被起訴的「罪犯」，所裡爲了防範，都對之特別「看管戒護」，尤其二條一項起訴，恐怕一時想不開，有不安、恐懼的情緒，甚至自殺的傾向，不是暫時送到「套房」，便是叮嚀同牢房罪刑較輕的負責照顧看守，對又哭又鬧的，則不客氣的以手銬、腳鐐綁住。或許他們看到我表面上的平靜，倒是對我沒有什麼特別「看管」，還讓我走出牢房放風。

夜晚來臨，怎麼也睡不著，想到那兩句「其全部財產除應酌留家屬必須生活費外，依同條例第十八條第一項沒收之。」怎能不詛咒國民黨政權的霸道，即使我有「萬死」之罪，家中的財物，又不是貪污而來，更不是搶劫而來，有沒收的道理嗎？這種嚴厲重罰，看看藍振基、郭子猷，不知道那天，看守所也將如此對待我吧？例如我判死刑的話，應是免不了的事。在放風的時候，同牢房一位難友曾悄悄對我說：

「中統兄，我們戴上獨帽子的，可能要比戴紅帽子判決輕一點。」嗯！可能吧？想到永善雖也是以二條三項起訴，只判了十年，和藍老師、郭老師大不相同，可見國民黨政權爲收攬台灣省籍的民心，倒是對台灣人客氣多了。不幸的是外省籍的人，在此白色恐怖時代，常常因說了幾句批評當局的話，或是看了一兩本列爲禁書便被打入死牢，就不知其數，其中單身在台的外省人，更是可悲、可憫。想到這裡，恍恍惚惚之間，我因起訴書帶來的失眠消失，一覺睡到天亮。

六月十九日是農曆一年一度的端午節，所方免錢的牢飯特別豐富，有魚有肉，每人還有一個應景的肉粽，另有一份禮物——一雙襪子，說是國防部副部長蔣經國，特別關心軍中的罪犯，給予的撫慰，唉！怎麼說呢？貓哭耗子假慈悲，再不然是鱷魚吃人前流下的眼淚吧！於是大家諷刺性的在牢房中輕喊，「副部長萬歲！」我在牢中第一次過端午，想到起訴已快十天了，仍然不能解除禁見，看不到阿爸和憲子，內心反而增加了渴望，其中我曾向黃輔導長請示，他愛莫能助，因爲未接到軍法處的解除禁見令，看守所只有遵照規定。

既然如此，在牢房中實在無聊，除了吸幾口老鼠尾巴，林中禮便倡議扮演一齣預演審判的戲碼，作爲我未來出庭時的準備，其他的難友也贊同，雖然我說：

「不必了，國民黨的法官，自由心證比任何判決都厲害。一句話答錯了，可能就來個死刑了。」

「正因爲這樣，所以要預演一番。」

「同時，依據刑事訴訟法明文規定，任何被告都有爲自己脫罪的權利，爲什麼要放棄？」大家都如此說，我對他們的好意只有接受。於是戴著腳鐐的郭老師擔任主審法官，林中禮擔任檢察官，以及有的難友擔任辯護律師，我自然是被告，於是三十四號牢房，演出一齣「審問陳中統」的戲碼，看守我們的班長，從「狗洞」中看到了，只笑一笑，裝著沒事般的走開了。對這齣預演，自覺收穫不少，至於臨場有沒有用，只有天曉得，老天保佑了。

接連兩天，兩位律師來看守所面會。當然是阿爸在外面不知花了多少金錢「恭請」而來。因爲在軍事法庭能擔任辯護律師者，必先經過軍方之篩選，方可特別登記取得辯護資格，因而價碼之高，可以想像。

看守所被告與辯護律師相談的接見室，僅有三坪大，一張桌子，除律師與被告之外，另有看守所戒護官員一旁監聽，錄音是免不了的。第一位接見我的律師姓張名士鼎，一見面即大話「擂擂」，表示已看過我的起訴書，認爲案情非同小可。但，以其觀點，妥善辯護，不致判決死刑；聽了他這番話，我也將在牢房內預演的辯護詞，詳細告知作爲他辯護時之參考；他笑咪咪的安慰我，安心打官司，絕對不會判極刑。

第二位來接見我的律師姓包大名濟嚴，此位大律師一口浙江鄉音，年齡不小。一見面即對我說：

「我是軍事法官退役，很多現任軍事法庭的法官、檢察官不是我的部屬，便是我的學生。我很忙，還未到庭閱卷，瞭解你的案情後，自可強力爲你辯護，你放心好了。」最後的安慰詞，與張律師相同。

我雖不是學法律，經過四個月的拘押，加上懂得法律的難友指導，已知步上軍事審判，罪刑早經「專案小組」確定。什麼起訴、辯護、判決，這一套動作，都是形式上以示民主法治而已，若判了無罪，「專案小組」的獎金，豈不泡了湯？包律師之來，唯一的好處，是帶來了幾包香菸以及阿爸寫來的安慰信。當然，這封信是經過戒護班長及政戰官過目，才能遞到我手中，看到阿爸顫抖的「老人字」，不僅使我熱淚盈眶，愧爲人子，要他在花甲之齡，得爲不孝的兒子東奔西走。

兩位律師接見後的六月二十四日，即開庭審理，並做最後的陳述，可見軍事法庭辦案之迅速快捷，開庭之時，我終於在旁聽席看到一別四個月的阿爸及憲子，近在咫尺，卻不能相擁交談，我揮揮手，以眼神向阿爸、憲子及其他親人打招呼，只見憲子紅著眼眶，掏出手絹擦淚了。

我站在被告席上，軍事檢察官梁炳仁，依照起訴書宣讀一遍，法官大人便要兩名律師起而辯護，他們兩人似乎只是有共同公式，並沒有辯護我無罪，只是說什麼年輕人誤入歧途，請予寬赦，減輕罪行，予以自新之途，如此辯護，那是替被告「脫罪」。反而憲子以輔佐人爲我辯解得有條有理，沒想到憲子以新婚妻子，從未涉及法律之弱女子，倒能陳述有理，可見這四個月來，她鑽研法律，用了多大的苦心。最後輪到我「最後陳述」時，我以答辯書大聲宣讀，念了一半，審判長阻止我再念下去說：

「你的答辯書，我已詳細讀過，最好講一些答辯書上沒有的。」

「那我就沒話說了。」我知道形式的審判，多說無用，便不再做什麼「陳述」。審判長張玉芳與左右兩位陪審法官、授命推事孟廷杰、呂進勇，輕聲交換一些意見，宣告判決日期，即時退庭。如此軍事法庭審判，豈不是草菅人命嗎？

回到三十四號房，難友都圍聚過來探問出庭的經過，我搖搖頭說：

「這樣的審問，只是形式罷了！如何解決早已有了底。」大家對我答覆，都一致贊同，當然免不了說幾句安慰我的話：

「放心啦！現在不是十年前啦！不會按那死條文判的啦，現成的例子很多，何況你的自白，並不能作唯一有罪的依據。」

「不怕戴獨帽子，只怕戴紅帽子。」說這話的難友低低的說，怕被藍振基、郭子猷老師兩人聽到，自我到三十四號房來，藍老師、郭老師的情緒從未見開朗。他們戴上腳鐐，行動都不方便，放風的時候，也是坐在一角透透氣，看看藍天、白雲而已，因爲走對他們兩人是另一種體罰。在牢房的時間，他倆也是悶聲不響的時候多，除了吸一吸老鼠尾巴，對其他毫無興趣，連我們想盡辦法，弄來的自釀葡萄酒，都沒有興趣喝一口。

說起在三十四號房喝酒一事，倒是出乎警總情治人員的預料之外。原因在景美看守所的衛兵，大多數是老士官，他們的腦筋、思想不似一些未見世面的管理員般「僵化」，將政治犯、思想犯，當作罪大惡極殺人不眨眼的刑事犯看待；大部分認爲我們是坐冤枉牢。因此，我們除了暗地裡可以吸老鼠尾巴，還可以透過他們的關係，自己釀起葡萄酒或橘子酒品嘗。

有時候，老士官、監獄官，經過押號房，聞到菸味、酒味，便會打開牢門搜索，要我們張嘴接受檢查，我口中的菸味最濃，好幾次要追問我菸從何來？並在囚房中進行大搜索，結果他們「道高一尺」，我們是「魔高一丈」，我們自有收藏的地方，是他們老士官、戒護人員想也想不到的。一個個問，我們當然不會出賣自己。因爲酒來的方便，比菸更易得到，我每天都有酒可嘗，連「黑點的」也不得不親自將我喚到辦公室追問：

「陳中統！老實說，你這些酒如何來的，我是一清二楚。不過，你這樣不愛惜自己，如果酒精中毒，我這個所長承擔不起這個責任。」

「報告所長！我是學醫的，知道自己的酒量，你放心啦！我不會酒精中毒！」所長對我很客氣，因爲在這之前，我已面會過表姊夫董上校，而且是在所長辦公室見面的。透過董上校，我才明白阿爸爲了我，費了多少人事關係，甚至找到我留學日本岡山的校長（日本的大學校長叫「學長」）教授，以及在台灣的老師，聯名簽下陳情書給國民黨當局，保證陳中統不是要推翻國民黨政權的革命分子，只是熱愛台灣的年輕醫生罷了！也許這才使我在牢房中享受到很多難友享受不到的「自由」。董上校一再勸告我：

「中統！好好的守規矩，不要使所長爲難。」

「是的！謝謝表姊夫！謝謝所長！」

爲了我喝酒，所長只有勸告，並且下達最後「通牒」：「陳中統！別在所裡酗酒，關在所裡不是你一個人，還有其他的『同學』，更不要害給你酒的人。」從「黑點」的話中，我明白他的意思！只有點頭說「是」，使三十四號房的飲酒風波有一短暫的落幕時間。

第十章　死囚的槍決輓歌

一九六九年七月五日　警總景美看守所

靜！靜！靜！每一個夜晚，除了偶爾傳來衛兵在長廊如貓一般的走動聲，便是「難友」們入睡的鼾聲，偶爾，也會突然的有大吼的喊叫聲，可能是某位難友從噩夢中突然的驚叫吧？那時，我會從安寧的睡眠中半睡，也會聽到衛兵急速的跑步聲，隨即聽到他在傳來吼叫聲的囚房急匆匆的問語：

「是誰？是誰在大吼大叫？」當然，得不到回答，一切又回復到靜寂狀態。雖然，曾有難友告訴我，假使被判了極刑的人，大部分拉出去、架出去、拖去的時刻，都是在凌晨的四、五點時刻，將會聽到死囚面對死亡的哀號，以及腳鐐的撞擊聲。而那恐懼的淒厲嚎哭與喊叫，在長廊裡逐漸遠去，使所有囚房的囚徒不得不驚醒而惶恐，尤其對那死刑已確定的人，更是沉重的一擊。我轉押到景美看守所，尚未見識到這種淒慘的情景，雖然同房的藍振基已是……。

今天，晨曦還未升起吧？因爲，從高高的小鐵窗，根本看不到晨曦到黎明的到來。什麼時間？我無法知道，只是一陣沉重的皮靴聲，遠遠的傳來，那不是平時聽到只有一名衛兵的急速步履，而是幾名士兵的皮靴聲，由遠而近，竟然在我們三十四號房停住了，接著鐵門被打開，走進三名班長，帶頭的是一名士官，我們被驚醒了，劉班長以「溫婉」的聲音唱名：

「藍振基！」這一唱名不打緊，藍老師在一角知道了這是自己最後的命運到了，整個人便顫抖癱瘓下來，哭喊著說：「我不是匪諜、我不是匪諜，我是冤枉的，我是冤枉的，你們殘害忠良！」儘管如此，兩名班長已一個箭步走到他面前，如同老鷹抓小雞一般，一左一右將藍老師的手臂架起來，半拖半拉的帶出牢門！班長在後面，又對我們說：

「不要亂動，與你們無關。」我們當然無能爲力，只能聽到藍老師拚命的哭喊：

「我不是匪諜、我不是匪諜，我是冤枉的……」淒厲悲切豪哭、夾雜著沉重的皮靴走在長廊的腳步，又混淆了藍老師腳鐐撞擊，如同一曲悲慘的交響樂，由高而低、由近而遠，逐漸在長廊的盡頭消失。聽說，到長廊盡頭，劉班長會以濕毛巾掩住死囚的嘴巴，而在長廊中任憑死囚哭嚎，具有「殺雞儆猴」的作用。

我們面面相覷，透過鐵窗外暗的燈光，我們再也不能入睡了！也不能相互交談，每個人坐在自己的位子上，默然祈禱，有的口念阿彌陀佛，有的向看不見的上帝祈禱：「生命來自塵土、也歸於塵土。」我呢？雖不是任何宗教信仰者，但也習慣性的默念著：「大慈大悲的觀世音菩薩！大慈大悲的觀世音菩薩！」算是爲藍老師的訣別祈禱！

在我轉押到景美看守所時，藍振基雖不是和我們一般的「樂觀」「高興」，因爲他已被戴上了一頂「紅帽子」的罪名，第一審已被判決死刑，覆判只是形式，否則也不會戴上腳鐐，和我們共處一室。在這期間，他曾與我交談，並且與我下車馬炮暗棋，消磨度日如年的囚徒生涯。因爲下象棋，明棋要費腦力，暗棋一翻兩瞪眼，全靠運氣。當然，相處幾個月，他的情況、我的遭遇，彼此都有些了解。他「忠黨愛國」，曾是國民黨部隊的軍人，當初被共產黨俘虜，如果不「忠黨愛國」，他又何必冒著危險，從廈門游泳逃回到故鄉金門，又從金門來到台灣求學，派到彰化縣某國小擔任老師，結了婚，還有稚齡的兒女。只因上課之時，向小朋友說了幾句不該說的話，偶爾與同事談一談時局，便給安全的人事部門，打了小報告，說他爲匪宣傳是匪諜，加上警總情治人員到他家逮捕、搜索時，又查收到他有三十年代某些大陸文藝作家的「禁書」，於是以第二條第一項起訴，落實了他的罪名。

今天，他終於走上「斷頭台」；面對無辜的罪名，我不禁在想，他眞的犯下滔天大罪嗎？瘦小的他，能推翻這個軍、情、特龐大組織的國民黨政權嗎？國民黨不是以自由、民主自誇自大嗎？國民黨不是講萬惡的共匪，只會殺害老百姓，剝奪人民財產生命嗎？可是國民黨統治之下，像藍老師這樣的人，只說了幾句話、看了幾本「禁書」，就被剝奪了生命，剝奪了生存權，這又是什麼自由和民主？豈不是和共產政權一丘之貉嗎？藍老師走了，死不瞑目，他的妻子、兒女，將如何生活下去？是否又將被他人歧視，是否被稱爲「匪諜」的妻子？「匪諜」的兒女？政治！政治！這就是國民黨口口聲聲的民主政治？或許國民黨還認爲寬大慈悲呢？沒有滅九族，沒有將連保人一併收押治罪，已是實施「德政」的民主國呢！

藍老師被架走了，早餐之後，老士官進來收拾藍老師的遺物，其實關在牢中的死囚，有什麼遺物可收拾呢？只是一些換洗的內衣、內褲，以及什麼起訴書、判決書、上訴書狀之類的文件和漱洗的用具而已。這些雜物，老士官以一床軍毯，包在一起，我們靜靜的看著，誰也不敢問一聲，只見老士官包好，搖搖頭，似乎是對我們說，也似乎自言自語：

「唉！眞夠慘了！挨了七、八槍，才斷了氣，何苦呢？看什麼共匪的書。」

我們不曉得在藍老師一堆遺物中有沒有遺書，在他臨終的一瞬間，他的腦海裡，想起的將是他的妻兒吧？和他共處一室幾個月，自然有同病相憐的感情，一旦少了他，我們油然地感覺到失落了什麼，他永遠不會再回來了！他的妻子稚子能不能看到他最後一面，因爲我們知道很多被槍斃的人，是埋骨於亂葬坑中，家屬連收屍的權利也沒有，人間的慘事，莫過於此。

還有一種傳說，槍斃匪諜的劊子手，十有八九是憲兵擔任，這群憲兵被稱爲「領袖的鐵衛隊」，他們的腦筋極多數是僵化的，被灌輸了黨即是國、國即是蔣介石，誰反對蔣介石，便是反對黨、反對國。因此，對匪諜視之如外國的仇敵，槍斃他們理所當然。他們槍斃了一名匪諜，如同在前線殺死一名敵人，聽說還有紅包可拿。這些「合法」槍殺自己同胞的劊子手，他們經過特殊訓練，也並不是每一個憲兵都是合格的「槍手」。據說，憲兵司令部的調查組，也是情治機構之一，與調查局、運事情報局、驚總保安處的情治人員，並駕齊驅，是抓「紅帽子」、「獨帽子」的核心。

自從藍老師走了之後，同樣被腳鐐住的郭子猷老師，最爲鬱卒，因爲他也是「紅帽子」一頂，眼見藍老師走了，他內心的悲哀，從他的臉上就看出來了。我們無法勸慰他，所謂泥菩薩過江，自身難保，只有互相傳遞老鼠尾巴，吸它兩口菸來消除心中的愁悶。

二〇〇〇年五月二十五日　中和市

當我回顧藍老師被帶走槍決的那天，至今雖已是二十年了。內心還有著戰慄的情緒，他那瘦弱蒼白的面容依然清晰在我思維恍然出現，在那暗寂的凌晨，他嚎哭的悲泣：「我是冤枉的，你們殘害忠良。」又在我身旁微弱的響起。藍老師被槍決的悲慘，我雖沒有目睹他遭槍決後流血的掙扎，如果老士官所說他挨了七、八槍才死去，可見藍老師在最後還以堅韌的生之意志，爲生命掙扎，而其痛苦也就可以了解了。

在這以後，當我從死裡逃生，沒有遭受唯一死刑的判決，而且幸運的因爲自己是醫師，能調服外役；在景美看守所，陸陸續續，看到不少的死刑判決犯。

二十多年後的今天，我在六十多歲的年紀，回想到三十年前在牢獄中的難友，也有幸運逃過一劫，有的只被判三年、五載，也有的宣告無罪開釋，但已無辜的被關押了一年多，別說那時沒有冤獄賠償法，即是有，因政治犯、思想的罪名受到牽連的，誰敢向國民黨政權索取坐冤獄的賠償金呢？

一九六九年七月二十一日　警總景美看守所

自我被起訴，心中雖不致一塊石頭落了地，卻也感到事情將會有個了結，雖然不知道自己將會不會是死路一條，就不去管他了。更令我高興的是，既被起訴，便可面會自己的親人。軍事法庭與普通法院一條鞭的作法。認爲被告未起訴前，禁止面會唯一的藉口，是怕被告與外界串通口供，已被起訴則無此顧慮。

因而我在起訴後，即可與阿爸、憲子面會了。面會的日子是每週的星期四，相互隔著一道玻璃，只能拿起對話聽筒一問一答，我這邊還有一名士官監視，當然錄音器材是免不了的，惟恐外面的人替裡面的人通風報信，也怕裡面的被告有什麼事要探望的親友轉答給其他的人。其實，這些顧慮是多餘的，因爲我既是政治犯、思想犯，又不是罪大惡極的殺人犯、槍擊要犯，外面還有什麼要他人替我串口供？只是第一次看到阿爸和憲子的時候，短短半年，心頭情緒的激動不是文字可以描述的，只見蒼老的阿爸，半年不見，僅是花甲之年，白髮更是增多，臉上的皺紋更形緊密，老人斑已隱約可見，我只能以抖動的聲音對著聽筒轉呼：

「阿爸！阿爸！我……我……。」眼眶中的淚水，忍不住汩汩落下來。

「中統！振作起來！不要怕！男人嘛！我會想辦法。」

「兒子不孝，辜負了你。」我以顫抖的聲音說。

「你小時候，我是怎麼教你的！自強、振作！挺起胸堂。沒有解決不了的問題。」阿爸的中氣十足，他就是這樣教導自己的兒女，一生雖受盡橫逆，在兒女的面前，從來不說洩氣的話。

和憲子見面，我更是慚愧，從相識到結婚，我們兩人可說是一見鐘情，所學相近，志趣相投，結婚不及一月，我就入牢爲囚，除了在法庭見了一次，她爲我辯解最後的一句話是：「我的丈夫是好人。」在面會時，雖隔著一層玻璃，顯然，二十五歲的憲子，也爲我憂愁不已，人已消瘦，我的右手顫抖的拿著聽筒，只能說：

「憲子！我對不起你，害你爲我操心、爲我受苦。」

「中統！別這麼說，我不怕！我相信你！你不會……」

「憲子！我已有最壞的打算，如果我不幸，你一定不必爲我……」確實，我既以二條一項起訴，當然要有最壞的心理準備，我不能要年輕的憲子，爲我……。隔著玻璃憲子卻以左手貼近玻璃，似乎以她溫柔的手，掩住我的嘴巴：

「中統！別這麼說，事情沒有到絕望的時候。」

「憲子！我眞對不起你，害你爲我擔驚受怕，必要的時候，你可與我……」下面兩個字我還沒說出來，憲子便在聽筒那邊說：

「不會！不會！我不會答應的。」憲子就是這麼堅強可愛的女性，更使我慚愧、內疚地無地自容，縱使我明白、我了解我無罪。但在不講黑白、不講是非的政權統治下，我無罪法官能認同嗎？尤其是軍事法庭。

該來的終於要來了，被起訴後，我曾由三十四號房調押到三十八號房。如此的轉押囚房，可能的顧慮，是怕同牢房的難友「混」熟了，可能會耍什麼陰謀詭計，其實這也是過分顧慮了，司法案件的看守所、監獄，關押的一些黑道兄弟、或是一群亡命之徒，可能發生的事，在軍法處看守所裡，應該不會發生的，不是我們自負極高，而是我們有信心自認爲自己無罪。

七月二十一日，我被傳喚出庭，這是宣判的一天，有模有樣的法庭，主審法官坐在中間，兩名陪審法官一左一右，我認爲還有答辯的機會，旁聽席上卻空空如也，除了持槍的警衛，就是我一人站立在高高在上的法官前面，主審法官，面帶嚴肅的站起來，拿著判決書宣讀：

「被告陳中統因……判決有期徒刑十五年」如此簡單，三言兩語「定」了我的罪，我頭暈暈、腦昏昏，不知那來的勇氣說：

「報告法官，我有話要說。」主審卻不屑理睬的講：

「如有不服，接到判決書十天之內，可向國防部上訴覆判。退庭！」

三位「主審團」便從座位站起，依序而起走出法庭。我呢？呆癡的站著，十五年！十五年，我現在才三十二歲，十五年後，我已是四十七歲，那時，我還能做什麼？警衛的士官，看我愣著、呆立著，帶著同情的口吻說：

「陳中統！別難過，還可以上訴呢！走吧！回房去！」說完，還輕輕的拍拍我的肩膀，我能怎麼辦呢？只有茫茫然、眼花花的跟在士官班長後面，在他的後面走出法庭。門口持槍的衛兵，當然緊跟在我的後面，惟恐有什麼對他人，或是自己不利的動作。

人性總是脆弱的，我被判了十五年有期徒刑！最初，如同轟雷一般炸破了我的心靈，等到回到牢房，難友們紛紛前來探問，一聽說判刑十五年，有的便爲我輕輕鼓掌：

「中統，你該高興，你能從唯一死刑的條文中逃生，後福無窮。」

「陳中統！不要難過，還可以上訴呢！」

難友們七嘴八舌安慰，也使我有了「阿Q精神」，確實二條一項，依照起訴條文，是唯一死刑，而我只被判了十五年，豈不是死裡逃生嗎？何況覆判說不定還會減刑？一想到，我沒有犯下任何滔天大罪，爲什麼平白無辜的坐十五年的牢，這又是那來的法律？那來的眞理？心中沒有憤慨、沒有怨怒？怎麼能使我心服、口服？

我們在牢房中講話，往往只能靜靜的說，悄悄的說，因爲每一間囚房裡，都裝有竊聽的器材，這是軍方看守所「光明正大」的事，因此，我們除了談談個人案情，其他不滿意的話，只能「以目傳情」了。在牢房中，有擴音器，每天在午休、晚休的時候，可以聽聽音樂，或是聽聽一位熟習的女聲播報一兩則新聞，例如美國太空人阿姆斯壯登陸月球，是廣播聽來的，這熟悉的聲音，後來我才知道是因「匪諜案」被關押在看守內的崔小萍小姐調服「外役」的工作。有時候，也有幾位女政工人員，替我們播放洗腦的八股教條！唱唱「殺朱拔毛」的反共歌曲！宣判的這天陳中統眞偉大，竟是阿姆斯壯登陸月球的同一天！壯哉！

第十一章　調服外役

一九七〇年一月十三日　警總景美看守所

我在去年七月遭警總軍法處以「懲治叛亂條例」第二條第一項「叛亂罪」起訴，不到一個月軍事法庭即判決有期徒刑十五年。而後，阿爸聘請的兩位律師代我向國防部軍法局上訴，軍法是一次覆判確定，即不能再行上訴。我深切知道，上訴只是一種形式，是沒有希望中的希望。連替我辯護的律師，竟不敢在軍事法庭上爲辯護無罪，只說一些什麼被告年輕啦！不知國家在戡亂時期青年應爲黨國盡忠的教條道理，一時誤入歧途，懇請庭上憐憫，減輕其刑；更以我在服官役時，曾被選拔爲「模範軍醫」，酌予減刑……。尤其那位鮑律師，一口浙江鄉音，說不到五分鐘，就坐下來了。這種辯護律師，只可說是「等因奉此」，如同公設辯護人一樣，不知道阿爸付出多少律師費了，白花花鈔票等於丟在水裡一樣。

軍法審判速審速決，眞是快煞人也。只是未起訴之前，那漫長的偵訊，才會使我忐忑不安。當年十一月，國防部軍法局的覆判判決書，主文很簡單只有四個字：「聲請駁回」。換句話說，維持原判決十五年刑期，理由倒是洋洋灑灑一大篇，其中果然有幾句令我哭笑不得，其文曰：「……惟念聲請人年輕受人蠱惑，致羅重典，且曾於服役中當選愛民模範，衡情可憫，爰予減刑，以示矜恤……」換句話說，沒有判我唯一死刑，已是「皇恩浩蕩」、「再生父母」了。

這個覆判早在預料之中，沒有加重我的罪刑，已是上帝保佑。大部分一審判決再聲請覆判的，以判亂罪名判決的被告，十有八九維持原判，很少減刑，一如我前面所說未加重罪刑，已是好命、好運。

解除禁見，每週四都有親友來面會，阿爸與憲子當然是每次都來的，而後岳父、岳母以及其他的親友，都抽空來見我，隔著窗子爲我打氣，要我安心。我深知十五年的歲月是漫長的，曾透過岳母希望憲子申請與我離婚，岳母老人家對我說：

「這是你們年輕人的事，再說憲子嫁到陳家，就是陳家的媳婦，我們蔡家不管。」岳母這樣說，眞使我感動，眼眶含著淚水，只能慚愧和內疚。憲子來時，我也曾當面提起離婚的事，她斷然拒絕。在景美看守所關著的有同學陳永善、初中同學吳耀忠。永善被判十年，在警總看守所住了不到一年，將他轉監到台東的泰源監獄去。我呢？仍然在景美看守所，只是隔一段時間，便換一間牢房。刑期確定後，黃輔導長曾召見我，和我談及調服外役的事，他很客氣的說：

「陳中統，我知道你是學醫的，家學淵源，又在日本岡山大學專攻血液學。所裡的醫務室，編制上只有兩名醫官，而所裡同學又這麼多，兩名醫官忙不過來，現在有名同學李吉村，也是學醫的、刑期將滿出獄，我想調你去服外役。不知道你……」我明白外役，多多少少有一些自由，尤其調到醫務室服外役，更是自由得多，要比關在牢房裡數那十四年的饅頭好多了。因此，我對黃輔導長說：

「能夠有這個機會，我樂意爲同學服務。」

「只是你一定要遵守規定，不能出漏子，否則我無法向長官交代。」

「輔導長放心，我不會落跑，我還有家。」

「當然，服外役還要辦理保證手續。」黃輔導長如此熱心幫助我，我怎能不知好歹。

警總為了實施感化教育，在土城設立台灣省生產教育實驗所簡稱「生教所」後改仁愛教育實驗所簡稱「仁教所」，尤其對政治犯更要加強心理教育，依據我們的罪犯教育程度分為初級、中級、高級、研究四個班級，因此，我們在牢房裡互相稱難友，可是所方卻稱我們為同學。而感化教育的教材，當然是三民主義啦！蘇俄在中國！總統嘉言錄！要我們「研讀」，撰寫讀後心得，甚至開討論會，大罵萬惡的共匪、反攻大陸解救水深火熱的大陸同胞。

景美看所守關押了不少名望很高的政治犯，例如郭衣洞（柏楊）、李敖、謝聰敏、魏廷朝、崔小萍、余登發、林火泉、陳永善……等，而且在國際媒體如《時代周刊》（Time）都有報導。我雖然是藉藉無名的陳中統，由於日本岡山大學校長及醫學部教授發動日本首相岸信介等政要聯名陳情，加上妹妹陳瑞麗及妹婿張子清在美國的奔走，因而美、日兩國的媒體，對我的逮捕、起訴、判決，也有了詳盡報導，雖不是轟動的焦點，卻使我在看守所裡有點分量，算是需注意的人犯。

判刑確定，唯一希望便是先能調服外役、而後再坐若干年囚牢，予以假釋（後來才知道政治犯不能假釋）。在景美看守所，調服外役的有不少人，視各人的刑責、教育程度以及在所裡的「表現」，方可調服外役，最重要的自然是在外面的關係了，否則只有坐滿刑期。小小景美看守所，設立了壓榨「囚徒」勞力的工程隊、洗衣工廠、縫衣工廠，以及其他人事部門、會計部門、廚房等；給予象徵性的工資，表示寬厚仁慈。除了醫務室之外，另外有一個圖書室。有一陣子，柏楊調到圖書室服外役。所謂圖書室，除了一些反共八股教條的書籍，其他的書籍，一概欠缺。連當天的報紙，也經過選擇，《中央日報》之外，便是中華、新生、《青年戰士報》（現改名為《青年日報》），連那民營的《中國時報》、《聯合報》一律不准擺在圖書室。可以看的也經剪洞開天窗。

一月二十七日，我開始到醫務室「見習」，原先調外役的醫師李吉村，刑期將滿出獄，為了協助孫治華、馮帝邦兩位醫官。李吉村是什麼案子，在看守所裡大家都是難友，不問也知道？李吉村難友告訴了我一些服外役應注意的事項，兩位醫官也很客氣，說明我主要的治療對象是所裡的同學。

服外役確實「自由」多了，不必大多數時間待在牢房中無所重心，只是與難友瞎擺龍門陣，而且時間久了，各人的案情，都耳熟能詳，也沒有什麼好說的了。對我來說，無須在菸癮來的時候，只吸老鼠尾巴，而是堂而皇之，一支一支的吸那長命百歲的長壽菸；酒癮來的時候，也可以利用用餐時刻，喝上幾杯。有時，孫上尉或是馮上尉會派我到洗衣工廠、縫衣工廠去「出診」一番。

還有一件說起來倒是令人「開懷大笑」的事，看守所有時會有勤務調動，譬如原先的警衛連，因爲所長調動，也跟著調動，自「黑點的」調走——也許是高升了吧?先來的劉所長，他是軍法處的一位書記官，沒好久，劉所長調走，調來了康景文少校，康所長是憲兵專科，將警衛連改編成憲兵連，加強守衛工作。初來乍到，有時充員憲兵有些小毛病，到醫務所治療，並不知道我是外役醫師，看我穿的是醫師服，便會禮貌性向我行舉手禮，先來一個：

「報告醫官。」我不便說明自己是「犯人醫師」，對他們很客氣，溫和的問他們那裡不舒服，同時很細心地爲病患檢查、看診，若是傷風感冒，便開了藥，說來也怪，我的治療效果眞靈，往往藥到病除，嚴重些的，注射打針，我親自動手，也使病患感覺不到疼痛，於是乎「陳醫官」的「藥到病除」的聲名揚名全所。一些軍法學校剛畢業，二十來歲的見習「法官」，也會派到軍法處裡來報到，他們都是中尉階，一到所，先來個體格檢查，是必要的手續，見到我，也是必恭必敬來個舉手禮：

「報告醫官，我是×××。」我依序爲他們量身高、體重、視力、血壓、心肺等等檢查，大部分是自然健康過關。檢查完畢，他們也會舉手行禮：

「謝謝醫官。」我當然微笑的說：

「辛苦！辛苦！」

時間久了，他們自然知道原來我是服外役的「犯人」，大多數不會即刻改變態度對我，或是歧視我，還是喊我「醫官」，有了小病小痛，依然找我來把脈，甚至和我聊天，問問我為什麼「犯罪」。畢竟時代不同，已不是四十年代白色恐怖的時代，時序進入西元的七〇年代，軍法學校畢業的軍法官，或是年輕的充員警衛戰士或憲兵，他們已經沒有那種僵化、教條的觀念，認為「獨立思考」應是個人的尊嚴。只是他們在權威的統治之下，不得不奉命行事。

自從服外役後，不知道什麼緣故，除了替難友治療疾病，也替所裡及軍法處編制內的軍官、士兵，甚至軍眷治病。有時候還能到府出診，記得軍法處的周處長、劉副處長以及他們的妻子兒女，有時患有小毛病，也會打電話給所長，指名陳中統出診。最初，還有兩名憲兵穿著便衣陪著我去，時間久了，知道我不會落跑，就讓我和一位班長一同出去。這可是我得其所哉的好時光，便利用空檔，約憲子出來見面，或是回家相聚。

在這期間，有幾件事是我「永銘」記憶，關在所裡絕大多數是良心犯，是對國民黨政權的專制極權表達合理的、文明的抗議，都是手無縛雞之力，又無武器、暴力傾向的接受相當高等教育的人士，只因提供國名黨政權應徹底實施民主政治的意見，被警總關押了進來，內心自然難免不平、口不服。在我服外役醫師那段期間；柏揚曾經一度以絕食抗議，三餐不吃一菜一飯，只喝些白開水。所長一見茲事體大，因爲柏楊被關，已是「世界性」新聞，還有留美學人孫觀漢博士，干冒大不諱，「上書」蔣介石請他無罪釋放柏楊，蔣介石當然不理，認爲柏楊案件是法律問題，不是政治事件。更由他的愛子蔣經國透過新聞局表明，台灣沒有政治犯、思想犯，只有刑事犯。這種掩耳盜鈴的說詞，可說是自欺欺人。

柏楊絕食，康所長十個頭九個大，醫務室有孫、馮兩位醫官，無法以言詞說服柏揚，便要我這個外役醫師擔綱。憑良心講，我對心理學、精神醫學只可言一知半解，要以言詞打動柏揚使他不絕食，實在難堪大任。不過，我在成功中學高中部念書時，柏揚那時候在救國團擔任組長，應是蔣經國身邊的「紅人」，且在成功中學教國文，所教的班級比我高一、兩班。有了這關係層次，我心中有了主意，不妨以學生身分向老師勸言吧？不管他有沒有教過我，喊他一聲老師，相信柏揚對我這個外役醫師，不會嗤之以鼻，我便答應了康所長，和柏揚溝通去也。

柏楊的大名，我早在十多年前，他在《自立晚報》撰寫「倚夢閒話」時，就如雷貫耳，他的「醬缸學」，曾使我心有戚戚，惟我的性向只懂「欣賞」文學作品，如要自己拿起筆來寫一篇兩千字的文字則比斧頭還要重。

我第一次去看柏楊，尊稱他老師，他當然知道我是陳中統，是戴「獨帽」的，他是戴「紅帽」的。我對他介紹自己是成功高中畢業，這一聊，柏楊對我這個後生小子，自有另番情意，談興一濃，便無所不言。我便單刀直入：

「老師！聽說你絕食抗議？」

「是的！」他是河南人，鄉音並不重，倒是有些東北腔，後來我才知道他是在東北大學讀歷史，本名郭衣洞。

「老師！何必呢？留得青山在，不怕沒柴燒。」

「中統！你要曉得，蔣家早要抓我了，在四十七、八年時，我在《自立晚報》寫「倚夢閒話」，視我如眼中釘，除之而後快。現在以一幅無人島上的漫畫，因我加上了一句說白，藉此加上匪諜罪名，怎能使我……」柏楊越說越激昂。

「老師！絕食正符合他們心意，餓死，豈不更冤枉，國民黨會給你一個罪名『畏罪自殺』……」我不知道這樣說詞是否妥當。經過幾次的個別溝通，柏楊總算給我這個學生一個面子，拍拍我的肩膀說：

「中統老弟，聽你的，不絕食，沉冤總有大白的一天。只要活著，總能使世人看清國民黨……」

我的任務達成，康所長非常高興，還給了我兩次特別面會的獎勵，和阿爸、憲子、岳父、岳母……能在接見室面對面交談，不是隔著一層厚玻璃，手拿聽筒說話。

在這段日子裡，我家遭到兩件不幸，一樁便是五叔陳進鎰在家鄉埔鹽因久病不癒，舅舅劉添貴的妻子，不知何故，也自殺跳樓身亡。舅舅劉添貴是阿爸讀師範學校時最要好的同學，當阿母去世，如果不是他將妹妹勸說嫁給阿爸為續弦，阿爸那能再去日本繼續完成學業回來，又叫家父到中和開業，添貴舅舅可說是對阿爸恩重如山，現舅媽一走，添貴舅舅不知該多麼傷心呢？

到了一九七二年七月二十三日，憲子又特別來面會，告訴我更不幸的消息，便是大伯父陳雞腳因病亡故，我聽了這件消息，眼淚不由的流出來。大伯父可說是影響阿爸一生最大的人。當年年僅十六、七歲的大伯父，如果沒有一股勇氣，將阿爸從牛欄中放出來，讓他連夜奔到台中去參加師範學校考試，阿爸的一生又將會是怎樣？不是在田地度過一生，便是出賣勞力的佃農。正因大伯父不顧爺爺的固執，半夜放走阿爸，自己承受爺爺的責罵、棒打，阿爸那能認識阿母，又那能棄教學醫？又怎會有我、姊姊、妹妹三人。

大伯父的亡故，使我不顧一切，向所方爭取奔喪，要憲子回家向鄉公所申請死亡證明書，更表明大伯父陳雞腳亡後無子，我父有二子，我是過繼大伯父的，身為他的兒子，請法外施恩，讓我奔喪。但，這一切都白費力氣，所方雖然依法轉呈軍法處，警總軍法處的覆函，依法判處重刑者，不得擅離被關押的處所，未能達成我送大伯父出殯的心願。

這就是警總的「依法行事」，我已調服外役，除了所裡的難友有了病痛，我可以診治外，所裡的軍官士兵，有了毛病，我也可以診治；甚至他們的家屬、兒女，有了毛病，編制內的孫、馮兩位醫官，他們不便請出診，卻要我這個外役醫師去出診，他們大可放心，我不會跑路。對我要奔喪，卻防範甚嚴，眞不知道警總的「法外情」，原來只是針對自家人才「放心」，對外役自己家中的事，卻是不可施以「法外情」了。我心中無可奈何，但爲能在醫務室繼續服外役，只有「俯首」謝恩了。

第十二章　調查局處長蔣海容自殺

一九七二年十一月　警總景美看守所

我自調服外役，身體的禁錮解除一部分，惟心靈的牢獄仍緊綁住我。當然不能調服外役的難友，對我羨慕不已。其實，以我醫學的專業，若不是因爲無妄之災關進牢門，除去個人專業、利益不談，單單爲病患民眾來說，我的貢獻已是損失太多。在醫務室服外役，自然要比在洗衣工廠、縫衣工廠、工程隊等單位服外役要好很多，尤其在工程隊服外役，全憑勞力去做無報酬的工程，與奴工有什麼不同？

服外役期間，醫治難友的小病小痛沒有問題，大病大痛呢？簡陋的醫療設備，別說我這名外役醫師沒辦法，編制內的醫官也沒辦法。尤其馮醫官的太太是竹山人，新婚，假期南北奔走，家庭生活深受影響，因此向上級請調中部，能夠照顧家庭。有一陣子，工程隊的外役調來一批刑事犯，而使政治犯得不到有此「優惠」。

服外役，我才知道景美看守所，關押了兩名曾是調查局處長級的高階「匪諜」案。一名是第三處處長蔣海容、一名是第一處副處長李世傑，都被警總保安處「破獲」，認定兩人都是共匪配在台灣潛伏的間諜，而且步步高升到調查局專門抓匪諜與台獨分子的處長和副處長。兩人都以懲治叛亂條例二條一項起訴，判決死刑。和我們這些政治犯、思想犯關押在一起，都銬上腳鐐，獨居「套房」。

一九七二年，某天的中午，看守蔣海容的衛兵，透過小鐵窗，驚嚇地看到蔣海容竟以被單結成布條，綁在鐵欄上吊了，急忙報告戒護組長，打開牢門，將蔣海容從布條結上救下，當時兩位醫官都不在，康所長、黃輔導長把我從睡夢中叫醒，趕到蔣海容的「套房」進行急救。蔣海容平躺在水泥地上，我首先進行人工呼吸，拍按他的胸脯，再翻看他的雙眼，瞳孔已放大，呼吸和脈搏也沒有了，我又以強心劑注入心臟，都無法使他恢復正常，顯然由於發現太晚，大腦缺氧，無法挽回他的生命。

我不僅對蔣海容因是匪諜自殺案，深深思考。蔣海容如果是匪諜，那麼他在擔任調查局第三處處長時，所破獲的匪諜案，有多少是眞案？或是假案？國民黨政權當局，一定對蔣海容深信不疑，才會拔擢他爲高階情治人員，那麼經他破獲的匪諜案、台獨案，有多少是眞實的？尤其是對戴上紅帽子的政治犯；說不定其中根本是忠於國名黨的同志？蔣海容說不定藉大權在握，陷害了不少自己的同志？這是可能發生的事。若是副處長李世傑，也是匪諜，兩人同心協力，豈不是更容易製造冤案、假案、錯案，藉權力爲共產黨殺害國民黨人士。

以前，我也聽過調查局局長沈之岳，國共內戰期間，曾經潛伏在共產黨內部，作爲毛澤東的祕書之一，假使這個說法是事實，沈之岳必然未能獲得毛澤東的信任，說不定共產黨的特務頭子康生，早就知道沈之岳是國名黨潛伏在共產黨內部的國特，製造了一些假情報讓沈之岳錯認爲是眞情報，傳送到國民黨情報單位。假使沈之岳眞的進入毛澤東的祕書群，能看到重要的情報，怎麼不知道當時國民黨國防部的作戰廳廳長劉斐是共產黨的間諜呢？還有參謀次長吳石，以及一名王姓上校處長，直到撤退到台灣，才破獲吳石、王姓處長是匪諜？待到大撤退，沈之岳才以英雄姿態回到台灣，國民黨提升爲調查局長。如此情報工作人員，未免也太差勁了吧！

誰都知道，國民黨的領袖蔣介石，領導作風一向是雙線領導，連情報工作也是多元化。

爲人熟知的有中統、軍統的爭寵，互不相讓。到了台灣，保密局的鄭介民，調查局的沈之岳和後來太子蔣經國培植的情特人員，相互間也是爭功諉過，一律惟主子是從，蔣海容、李世傑兩人是不是與警總在情報工作上爭功，而被陷害的？據說蔣海容、李世傑匪諜案，涉案的人數高達數十人。想也想得到，當蔣海容、李世傑擔任處長、副處長時，部屬固然唯命是從，其他知道他倆是調查局情治高官時，誰不會拍馬屁？誰不想獲得他倆的青睞。等到警總保安處，偵破他倆是共匪派在調查局的間諜，連累的人當然很多。蔣海容自殺，到底是「畏罪自殺」？還是以死抗議，當然不是我這名服外役的醫師，「囚徒」能知道的。不過，他自殺死後，同案也被判死刑的李世傑（出獄後曾出書多本，已亡故），覆判時撤銷了死刑，減刑爲有期徒刑十二年，這是匪諜案台獨案很少見到的事。內中是否大有文章，只有李世傑心知肚明了，假使蔣海容是以死抗議，可見國民黨政權不同組織的情治人員，相互間的鬥爭是如何的無情了。

記得高中時代以及剛考進大學，雖不是文科學生，但是，對中國現代史還有些興趣，偶爾也去購買幾本傳記文學雜誌來讀。裡面大多數刊載了國民黨黨政軍高層退休官回憶錄的文章。尤其那些所謂自認了不起的「蔣軍族」，以妙筆生花的文字，暢述他們如何率軍抗日剿匪身歷其境的文章，這群七老八十的將軍，可說是個個英勇無比、賽似關雲長、岳武穆，戰無不勝的常勝軍。而那只有小米加步槍的土八路不堪一擊。最誇大其詞的便是胡宗南駐紮西北數百軍「神兵」，在一九四七年橫掃毛澤東老巢—延安，使毛共中心鼠竄而逃，攻下延安；留下一座完城。卻不知胡宗南中了空城記，進入延安十室九空，毛澤東帶著主力在延安附近七轉八拐，胡宗南七葷八素，搞不清楚方向，找不到共軍主力，進行主力戰。結果，胡宗南大軍無功而返，撤離延安。蔣介石還在南京吹擂，認為共匪老巢已被攻破，不消半年之內即可完全消滅。結果呢？毛澤東絲毫無損，不及四年之中，將國民黨四百萬大軍，打的招架不住，最後帶了二百萬散兵游泳撤退到台灣，高喊：「離此一步，即無死所」，許下諾言「一年準備、二年反攻、三年掃蕩、五年成功」。結果，幾十年過去，還是待在台灣，吃台灣的米、喝台灣的水。關起門來，草木皆兵，大抓無辜百姓，稍有不滿，便「奉贈」一頂「紅帽子」或「獨帽子」。豈非可悲可嘆！

如此的政權，連自己內部情治機關，都處處懷疑有匪諜、有漢奸，表示了什麼？只是凸顯了國民黨政權對統治台灣，幾乎喪失去了信心，除了高壓政策、還是高壓政策，將台灣塑造為一座封閉海島。

在景美看守所這狹隘的生活圈子中，小道消息倒是很多，這些小道消息有好有壞，有的時候，說什麼為了寬大胸懷，使政治犯、思想犯能有改過自新的機會，凡是表現「優良」的將有特赦的機會，也有的比較「大條」的政治犯，因已被國際特赦組織知道，將會給國民黨政權施以壓力，促其早日釋放，這個名單除了彭明敏（後來不知怎樣『偷渡』出境了）、謝聰敏、魏廷朝、李敖、柏楊等等之外，我也名列其中，國民黨覺得很沒面子，因爲他們口口聲聲說中華民國沒有政治犯、思想犯，爲什麼竟有這麼多的名單呢？因此要「查清楚」，據說，這份名單是李敖的弟弟，千方百計取得，透過國際特赦組織透露出來。

壞的消息，則是名單洩漏，當局一不做、二不休，就來個死不認罪，反而將我們加緊看管，以我來說服外役，本可外診，替所方的官員及家眷治療疾病，有此好消息，反而成爲我們的壞消息。三妹及其夫婿在美國，即曾爲我在《紐約時報》、《華盛頓郵報》披露我被關押的新聞；後來康所長亦曾當面告訴我，切勿如此，只要外役「功德圓滿」，提前假釋名單自然會有我。後來康所長調到參大受訓，新來的徐所長也是憲兵司令部調來的，對我也滿好，韓延年法官更明白的告訴我，政治犯名單洩漏到國際特赦組織，與我毫無瓜葛，政戰官陶京生則勸我在服外役期間少喝酒、最好不要喝酒，他們才可替我「打分數」，使我在「徒刑」期間，有優良的「績效」。黃輔導長調走，新來的周傳敏輔導長對我也是照顧周到，這些在他人眼中視之如「虎狼」的所長、副所長、監獄官、輔導長，相處久了就會知道他們心地善良，都是有人性、有愛心，只是他們身在其位，不得不奉上級的命令行事，稍有差錯，怪罪下來，重則撤職，輕則記過、申誡，或是調職，自己在軍中的前途便打入「冷宮」。或許，他們並不是殘酷無情的情治人員，人性化的一面，透露了善良與關懷。例如蔣海容上吊自殺一案，從他們的面部表情觀察，也是充滿了憐恤，或者在他們心裡不免懷疑蔣海容是否是眞正「匪諜」？或是不同派系情治人員的內部鬥爭的犧牲品呢？

我在醫務部門服外役，孫、馮兩位醫官，對我也很信任，馮醫官新婚，每週要回竹山，孫醫官喜歡方城戰，有時與馮醫官一同去「作戰」，醫務室的工作，便交給我。我自信經過多年的專業醫學、訓練，對治療疾病駕輕就熟。所裡的軍官士兵以及眷屬都找我。周輔導長的長子，承他們夫婦之情，要拜我爲乾爹，眞使我慚愧，不得不向周輔導長說：

「報告輔導長，不敢當，不敢當，我只是一名『犯人』。那配做令郎的乾爹？」

「什麼話，我們一切盡在不言中。我的兒子是你的乾兒子，有什麼不妥，中統，你千萬不要推辭了。」盛情難卻，我在景美看守所，成爲輔導長長子的義父，足可見人性中的善良的愛是永遠不會變的。惟有愛，才能使人與人之間，化解仇恨吧！

短短幾年間，景美看守所所長除了「黑點」，從康景文，直到徐元麟來接任，都是由憲兵單位派任，原來的警衛連也改編成憲兵連。或許爲了使景美看守所成爲「模範看守所」，不時的有警備總部的長官來視察，副總司令王永樹來、繼而總司令尹俊大駕光臨，每逢長官到來，我們這些「囚徒」忙得「亂七八糟」，這裡打掃、那裡洗刷，連那牢房中的馬桶，也得洗刷沒有騷臭味。除了軍中長官之外，中央民代也會來所視察一番，當然，看的是「模範」一面，凸顯監獄管理人性化，沒有什麼虐待、更沒有腳鐐手銬，這種「官樣」觀察，「囚徒」只能聽從。尤其中央民代來，問我們「囚徒」在牢中生活如何，標準答案：

「很好！很好！吃得好，睡得飽，長官待我們如兄弟，沒有腳鐐和手銬。」至於中央民代是否相信，他們心裡有數。如果有人敢於向他們申訴自己的冤情，一待大人先生打道回府，高階管理人員雖不會親自下令「虐待」，基層體會「上意」，自然會有一套「整人」方法，肉體上及精神上總會使敢下情上達的「囚徒」，難以招架忍受。

我曾看到一名難友，名許席圖是政治大學的學生受不了肉體與精神上的苛虐，罹患了精神分裂症，自言自語、有恐懼症，說不定在思維上有幻聽、幻視。我雖不是精神科專業醫師，在學醫歲月中，多多少少也略知一二，像許席圖這樣的病患，應予治療。可是在看守所中，不論檢察官、監察官、法官以及看守的戒護人員，誰又能知道他的內心世界，反而認爲他是裝瘋賣傻，故意如此。監獄官鄭法寬即曾對許席圖予以暴力修理，如此，反而增加他的病情，使他的幻聽、幻視、恐懼症、不安症，更爲加重。我雖是外役醫師，無能爲力。我的專業觀點，說出來、講出來，鄭監獄官是聽不進去的憲子是堅強、了不起的女性，爲我十五年的有期徒刑，她毫不畏懼的上書蔣經國，申訴我的冤屈；其實，寫這樣的信，蔣經國是不會答覆的，答覆內容是「依法辦理」四個字就推卸掉了。不論怎樣，憲子爲了愛我、爲了兒子冠宏不致長年見不到爸爸，爲我所做的事，將使我永遠、永遠銘刻在心。後來，阿爸、憲子，不知道聽到了什麼馬路新聞、小道消息，凡是戴獨帽子的人，只要能寫一張悔過書，表示自己重新做人，忠於國民黨、忠於政府便可釋放。例如邱永漢、廖文毅等等本來住在日本，鼓吹台獨，後來都投降，向政府輸誠，一個個都到台灣來，受到國民黨政府的「厚待」，雖未封官，卻給予他們很大的便利，廖文毅有了歸鄉之夢，省府還給了虛銜名位拿乾薪，邱永漢更是以自己的出版業專長，大賣特賣他翻譯作品，開設了邱永漢日漢書局……因此阿爸和憲子一同來面會，勸說我寫一紙悔過書，我拒絕了。我對阿爸、憲子說出我的道理：

「阿爸！憲子！我根本無過可悔，我既沒有推動暴力推翻政府，又沒有公開的向台灣人民宣揚台灣獨立理念，那來的罪惡和過錯？他們要抓我，只是以此殺雞儆猴。判我十五年，我認定被栽了。十五年了，我已分爲三個階段，五年爲一梯次，阿爸！憲子！眞對不起！」

「中統！你就是這麼倔強，在人屋簷下，誰敢不低頭。」阿爸嘶啞的、蒼老的聲音，使我聽來倍感悲切。

「中統！你不爲我想，也該爲冠宏想，他才兩歲……」憲子說到這裡，不由的流下淚水。

眞的，我不但對不起阿爸！憲子！冠宏……連我的親友，也因爲我的「獨帽子」受到連累，姊夫邱明財本來在水利會，已是中階股長級的公務員，可能因爲陳中統是他的小舅子，七年以來，縱然有缺可升，輪不到他，原來是他的屬下，卻乘直升機飛到他的上面，成爲他的長官，大姊瑞芳毫無怨言。幾位妹妹要去美國、或日本，總會遭到百般刁難，歷經各種管道，才能成行，而且是在結婚之後。阿爸要去日本，拜會拜會他當年留學日本的師友，一律不准，因爲陳中統是他的兒子，國民黨，國民黨，如果我有「罪」，懲治我一個人就夠了，爲什麼要將我的親人，也視同「共犯結構」？這樣的民主、這樣的自由，還想擊敗共產黨，豈不是水中撈月，天大的笑話。

阿爸知道我雖調服外役，畢竟還是身不由主，不能與常人一般自由進出，得不到批准，走不出看守所大門一步。因此，苦心的安排親戚，以及他所知道我求學的時代的好同學和他們的親友，到景美看守所與我面會。其中親如兄弟的同學林郁夫的母視，大老遠的從高雄到所探視我，林媽媽是慈愛的女性，我在高雄醫學院讀書，曾一度住在她家，林媽媽待我如親生兒子，照顧我無微不至，見到我一把眼淚、一把鼻涕，哭得非常傷心，數落我爲什麼要搞政治。阿爸的一片苦心，縱使我在所裡，不會孤單寂寞，每週都有人來特別面會，當然表姊夫董上校的幫忙是最大的原因。

三年的時間，眞如白駒過隙。家中的變化很大，五叔陳進鎰久病不癒自殺身亡，大伯父陳雞角因病亡故。好在幾位妹妹都能努力求學，大部分考取好的大學，找到理想的對象。只有我還得待在囚牢中十二年，才能重見天日，貢獻所學，與家人共同打拚。國民黨！國民黨如此待我，誤我半生前途，說我當時心中無怨，有誰相信？

第十三章　蔡添樹逃獄成功

一九七五年九月六日　警總景美看守所

今天發生了一件大事情，因走私案依照二條一項被判無期徒刑的人犯蔡添樹，本來被派在鍋爐房服外役，竟然乘機逃獄。爲何能逃？由於他調服外役，和警衛連的充員兵，每天混在一起，大哥、二哥、痲子哥熟悉得不得了。充員兵年輕，經驗不足，視他爲不足輕重的人犯，使他得能在牆外走動時，逃之夭夭。如此一來，所長及其他戒護的軍官、士官長、班長，都感到事態重大，除了內部追究責任，都想盡辦法，如何將蔡添樹逮捕到案。所長更是焦急的「求救」於我？我一名外役醫師，那有什麼能耐。只有向所長說：

「蔡添樹是羅東人，又是出身船員，對宜蘭縣海濱的漁港，一定熟悉，可從這方面追蹤，他是否找熟識的漁船偷渡？」

對我的意見，所長默默頷首贊同。因此，急忙呈報軍法處，透過保安處下達命令給海防單位，嚴密防範。到了九月十四日，情報單位得到證實，蔡添樹果不出所料，從基隆和平島偷了一艘小漁船出海，偷渡到日本石垣島，被日本自衛隊發現，逮捕到送日本法院審理。蔡添樹可說是「聰明人」。他是羅東人，常理判斷，他會以宜蘭海岸為首要目標，他卻以金蟬脫殼之計，當海防部隊注視宜蘭縣為重點時，他卻以基隆的和平島為偷渡點而成功。

國民黨政府透過關係，意欲將蔡添樹引渡回來，日本法院置之不理，給了一個軟釘子，使蔡添樹消遙法外。我在前面已撰寫了蔡添樹神通廣大，在日本並沒有受到多大的刑罰，由日本遣送到大陸，擔任人代會的台灣人民代表。對國民黨一直宣傳共匪如何如何萬惡不赦之時，卻有台灣人偷渡到大陸去擔任人代會的代表，眞是莫大的諷刺。由於如此重大的紕漏，以致種下徐所長後來調到綠島的原因。名義上是擔任科長，實質是降調了。調到綠島自然是不願意，除非升任另一階級軍官的跳板，大多數軍法官、監獄官，是不願意到孤懸海外的綠島受苦受罪。

可見看守所的管理，如果單純的關押我們知識分子可能比較好管理。加入其他刑事犯，管理起來困難多了。尤以受過高等教育的知識分子，明理——懂得做人道理。對看守所的軍官，知道他們基於職務不得不然的難處。不會故意找碴、不會惹事生非，雙方和平相處，減少兩者之間困擾。

一九七五年一月二十四日　警總景美看守所

光陰似箭、日月如梭、春去夏來、秋遠冬到，這十六字，在記憶中，自小學到直到高中，似乎每一名學生在寫作文時，經常會引用到的文句。再不然便是「一刹那間，我又增長了一歲」等等，或是「歲不我留，人生如白駒過隙」。我自一九六九年，被警總保安處贈送一頂「獨帽子」，關押到看守所，經判決十五年有期徒刑，到一九七四年，已是五年過去了。這是我第一階段自我設定的期限，而這個期限，是我最煎熬、最難度過的日子。

其後調服外役，在醫務室擔任「醫師」工作，或因我的診斷、治療頗能獲得患者信心，因此，極能得到難友的信任和信心，不但難友如此，連看守所內的長官、士兵以及他們家人，每當罹患疾病，都指名要我去治療。或許如此，保安處的官員，也「久仰」我的醫術，於是外診成爲自由的時間，利用外診的多餘時間，回家看看妻兒，算是家人短暫的團聚，當然，不得超過回看守所時間，更別言在家留宿，否則，取銷外役，回到押房坐牢。

在這第一階段五年的時間，使我體會到警總的「權力」，可說強大無比，很多人都是先被抓來，戴上一頂「紅帽」、「獨帽」，而後再找證據。情治人員拿手的招數，便是疲勞審問，倔強的「被告」，如不能配合，肉體的凌虐應該是免不了。

一般百姓進了「警總之門」，恍如兩隻腳踏進「鬼門關」。極大多數的「匪諜」，都被判死刑，死裡逃生至少也是十年以上有期徒刑。老百姓沾上這個罪名，要擺脫它難似登天，而他們國民黨政權情治機關裡，竟也潛伏「匪諜」，蔣海容、李世傑是顯著的例子。除了他們兩人之外，調查局彷彿成爲「匪諜之家」，先後有馬正海（據說曾任調查局六處處長？）案，又有史與爲及其同夥郭子猷、郭子淵、蔡竹安等七人扯上「匪諜」案，以及范子文夫婦案，這群調查局的幹員，是不是眞的匪諜，只有當事人自己和天曉得了。

除了調查局，還有省府職員金姬鎦，被崔小萍案牽扯在一起，說他少年時代曾在「匪區」參加過讀書會。基隆市議會的市議員鄭天宇，和副議長王某也是匪諜案被關押。最著名的便是高雄縣老縣長余登發掩護匪諜吳泰安案，連吳泰安的女友陳玉雲也關進來，在我服外役時，陳玉雲一度自殺，被我搶救回來。吳泰安咬定余登發，小道消息是國民黨政權要剷除余登發，只要吳泰安咬住他，吳泰安不會判死刑。結果吳泰安上了警總的當，余登發被判了八年，吳泰安還是逃不過槍決的命運。

在景美看守所的「異議分子」數不勝數，其中包含了外省人、本省人，有兩名反共義士梁若山、麥滔明，都被判死判，記憶中判刑的約有四十人之多，一九七二年被槍決的最多，有二十九人。其他的謝聰敏、魏廷朝、文人李荊蓀、還有于長城、于長庚兄弟，不是十年以上，便是無期徒刑。在一九七二年三月下旬，連續抓來了三十多名大學生，罪名是什麼？我這個小小外役犯，那能過問，何況阿爸、憲子一再交代我，既服外役，有此一劫，不要再為他人打抱不平，惹事上身。好好服刑，說不定有假釋機會。可是，我在所內看到這些名其妙的「個案」，內心眞覺得政治的無情，一度曾與阿爸、憲子表示，希望申請到綠島服刑，去高唱《綠島小夜曲》，可以靜下心來讀讀書，以備服刑完畢後，可有眞材實料為台灣人民服務，更省得家人三天兩頭的到看守所探望我。這個構想，家人一致反對，認為住在景美看守所，要比在綠島好多了。因為綠島的監獄官個個都是凶神惡煞，動不動拳打腳踢，豈是我能受得了，家人的勸阻，才使我安心地做「外役醫師」。

除了匪諜案、台獨案，警總也抓「大有為」政府官員的貪瀆案。基隆聯檢處處長嚴以勤，一九七二年八月二日即因共同貪污被關押在景美看守所，他關進看守所不到十天，即被起訴。誰都知道國民黨政權大大小小官員，只要有利可圖的職位，可說是無官不貪、無吏不污。嚴以勤算是倒楣的；另外還有一名基隆聯檢處處長孫志豪和祝靜安，也是貪污案被起訴判決死刑，不過，國民黨政權對貪污案的官吏，似乎「網開一面」，一審死刑、二審減刑，縱有罪，坐了幾年牢假釋出獄，又是活龍一條。最明確的便是基隆海關的一名官員白×國，貪污特多，在那個經濟還未起飛的年代，聽說他生活奢侈豪華，彩色電視還不普及，他卻擁有，連廁所也裝有一部，可以使他大解時看電視。東窗事發，白×國被判死刑，結果二審減刑為十五年，待三審確定，他已可假釋出獄。這是國民黨政權對貪污罪一律寬大為懷。

我規規矩矩的服刑，主要是為阿爸、憲子和其他家人，因此，有時候因外役的方便，某些難友拜託我送什麼信給家人，或是順道去看看他的家人報平安，不得不狠下心拒絕了；因為，我知道我外診走出看守所，還是有人盯梢的，雖然所長、輔導長、監獄官私下對我不錯，但，他們不知道總部是否有人在我的後面，看我在外診時做了什麼事，藉機來個「罪加一等」，豈不使我阿爸、憲子以及關懷我的親友同學更為焦灼、傷心。

雖然如此，國際特赦組織發布了台灣政治犯、思想犯名單，使警總大發雷霆，認為是罪犯透過某種關係發布出去的。我因被關之初，曾有日籍教授，包括首相岸信介在內的名人向當局陳情。加上美國《時代周刊》也報導這件事，於是洩漏名單之事，我就成為被嫌疑人之一。警總後來查到難友蔡財源。蔡財源與我並無深交，在警總逼供之下，他竟將國際特赦組織發布名單的事件，一口咬定是我主導的，並且寫了自白書，裡面洋洋灑灑編造了異想天開的故事。

我成爲被懷疑人之後，所長、輔導長找我談話。尤其周輔導長，很照顧我，他相信，不是我洩漏的，而且將蔡財源親筆寫的自白書拿給我看，我當然不承諾，我向周輔導長說：

「好漢做事好漢擔，我陳中統不是怕死的人，沒有的事，豈可蒙受不白之冤？」

「我相信，這件事不是你洩漏，何妨與蔡財源當面對質，弄個一清二楚。」

「可以，不做虧心事，有什麼可怕？」

既經對質，蔡財源啞口無言，非常愧疚，只言受不了疲勞審問，只有胡說八道，把我扯進去了。如此，洩漏名單一事，算是「結案」，蔡財源被判感化三年。

在景美看守所，還有一樁「反共文人」糜文開，以壁虎功攀爬到三樓屋頂，準備逃獄，結果被逮回的「趣事」。聽說糜文開寫詩及翻譯印度大文豪泰戈爾的詩，以「反共義士」「投奔自由」之名來到台灣，國民黨當局對他百般優待，又是獎金、又有這個、那個的賞賜，後來發現他是來台灣爲「匪」宣傳，抓起來判了刑。

最妙的是蔡添樹，可能因走私匪貨案被逮捕，這位仁兄體格健壯，標準的船員，戒嚴時期到匪區走私，唯一死刑，覆判爲無期徒刑，不知怎的，蔡添樹神通廣大，在層層嚴密的戒護下，竟然逃獄，警總下達警急緝捕令，竟然抓不到，據說逃到大陸，受到共產黨英雄式的歡迎。

總之，我第一階段的五年牢獄之災，使我看到人性的可憐與可憫，我自己是否有錯呢？在執筆的今天，我仍然不承認自己有罪，國民黨的腐敗，是由上而下的，是不問青紅皀白的，下面的人，爲了利、爲了討好長官，根本不講公理、是非，只要有蛛絲馬跡，即將清白之人，予以罪名逮捕，這樣的政權，臉不紅、心不跳的自誇爲民主、自由的國家，豈不愧煞、羞煞？

但皇天不負苦心人，我們的希望終於實現。由於一九七五年蔣介石的死亡。由皇太子蔣經國草擬，經嚴家淦暫任總統頒布了大赦令。凡觸犯了刑事罪犯，輕者一律提前假釋、重者則予減去三分之一的刑期。本來我們以爲不會恩被政治犯，這次國民黨政府可算是大慈大悲，對政治犯、思想犯一律平等待之。都減刑三分之一，因此，我的刑期從十五年減爲十年。換句話說，我已待了五年了，再待上五年，即可獲得自由。這不能不說蔣介石的死亡，「恩賜」給我「德澤」了。

縱是減去三分之一的刑期，想一想過去五年，過一天等於過一年的苦牢生涯，再想到未來五年，眞使我湧起莫名悲傷。入牢之年三十二歲，出獄之日，已是四十二歲，還能創造什麼事業和前途？人，總是具有自我安慰的心態，想到少了五年的牢獄生活，心底下自有一份「高興」。過好日子、舒適安定生活的人，五年是一眨眼的事，失去自由、身心受到拘束的囚徒來講，五年那可是夠長的苦日子。少了五年，阿爸和憲子以及其他親友，都為我祝福喜悅，要我靜心養性，前面的五年既已過去，後面的五年自可調適。心中不可急躁，不要表現「反抗」的態度，說不定可獲得戒護官員友善的照顧。

眞的，大多數的難友沒有想到蔣介石亡故，實現了「沒有希望的希望」，獲得減刑的提前出獄，判重刑的減去三分之一，聽說某些判死刑的罪犯，也減爲無期徒刑，蔣介石死亡，德被眾生囚徒，我們怎能不喊：「蔣介石萬歲！萬歲！萬萬歲」呢！

第十四章　第二個五年

二〇〇〇年六月二十日　台北縣中和市

當我回憶三十多年前，因爲戴了一頂「獨帽子」的「罪名」，被判了十五年有期徒刑，後來雖然減刑爲十年，十年的歲月，正是我三十二歲到四十二歲的青年的黃金時代，在我人生旅途上，喪失了極多應有的權利和機會。假使當年不被關押十年，我在日本還差不到一年即能取得博士學位，也可實現阿爸要我做一名專科醫師的心願，不致白白浪費十年光陰，失去追求更深奧的醫學工程機會。

或許有人認爲我非常幸運，只被拘禁了一年多，當覆判決定後，沒有多久，即被調服外役。可是，要知道服外役，並不能獲得全部的自由，大部分時間，還是在看守所，活動的範圍是在那限制性的環境中。到了下班時間，還得回到牢房中與難友「共眠」。所謂外診，那是一個月裡，難得有一兩次，而且，能如此，也是阿爸費了好多心血，打通關節與脈絡，才能得到些微賞賜。這些微的「再造」之恩，才使我有冠宏、以及冠宇一對兒女，承歡阿爸的膝下，略微享受含飴弄孫之樂。

回想那個年代，政治恐懼應該隨著經濟逐漸起飛慢慢消失，可是，國民黨政權，依然緊緊以僵化的思維控制人民。除了蔣氏父子身邊帶來的世族、將軍族之外，似乎其他基層的外省藉者，人人都可能有「共產黨」嫌疑；對本省人則是被任用的高官之外，每一個本省人都不排除爲「台獨」分子。以這樣的心態，統治台灣，怎不使全國的人民，都不能安心的生活，不敢說一句心中想說的話，心裡想寫的文章，一言賈禍，所在多有。

還記得自國民黨全部撤退到台灣，各級學校的大操場前，都有五個大大的標語：「主義、領袖、國家、責任、榮譽。」這十個字，後面六個字的來源，應出自美國政府對人民的要求，中國人藉他山之石來「攻錯」，無可厚非，卻在六個字前面加上「主義、領袖」四個字，便值得思考。如果說中華民國憲法標定以三民主義爲建國的綱領，以主義爲信仰，才能產生力量，勉強說得過去，加上領袖不是造神了嗎？

「領袖」兩個字，是否眞正值得恭維的「位子」呢？有位國文老師——已忘了他的名字——曾在上課時，問我們：

「各位同學，我問你們穿了白襯衫，最容易髒的方是那裡呢？」那個年頭，從學生到大人，一律是白襯衫，極不似現在五顏六色的襯衫統統隨便穿，不過在會議場所，還是以穿白襯衫最爲隆重。

「領子最易髒、長襯衫的袖子也很髒，洗起來要用肥皂先搓一搓。」我們異口同聲的回答。

「所以說嘛！領子和袖子是白襯衫最容易髒、最容易黑的地方。哈！哈！」國文老師語帶調侃的說。當時，我與同學都年紀小，不知其意，只是覺得那位老師解釋得不錯。可是，第二天，上國文課時，那位年紀不到三十歲的老師，從此再也沒到教室一步，我們以爲他辭職不幹呢？現在想一想，一定他在爲我們講解領子和袖子最易髒、最易黑的話，被學校裡的安全人員打了報告，由情治人員帶走，說不定以悔辱領袖的罪名關進黑牢。

從這件事，使我又想到自己在小金門服預備軍官役時，看到不少老兵，孤孤單單的以軍營爲家，說來也夠可憐。職業軍官規定不滿二十八歲不准結婚，士兵呢？免談。但是，從醫學觀點看，生理的性需要，這是任何動物都免不了；人是動物之一，當然有此需要。不准士兵結婚，這是不合人道，什麼革命的大家庭，有溫暖有愛，只是唱高調的愚兵政策。讀書不多的老芋仔，被騙得腦筋僵化，將蔣介石化爲自己「宗教」信仰的神，蔣介石就是黨、黨便是國家。不忠於蔣介石，即是不忠於黨、不忠於國家。這個邏輯，對讀書不多、識字不多的士兵，確實管用。對讀過書，尤其大敗退時刻到處抓壯丁編入部隊的士兵，連自己原來叫張三的姓名變成了李四，他們內心的痛苦，不是筆墨所能形容。

不能結婚的老芋仔，他們生理的需要如何解決，國防部在軍營設立了美其名爲「軍中樂園」的妓院，大小金門也有這種「妓院」，還分爲軍官部與士官部，於是每逢假日，「軍中樂園」的門前，便大排長龍，先行購票，長得略有姿色的生意特別興隆，軍官部比較隱蔽，在士兵面前還得保持面子，不能猴急。以此解決生理需要，那些女子又是從何處徵召？還不是台灣島內貧窮人家的女孩。不由得使我想起二次大戰時，日軍在台灣徵召慰安婦到前方的悲劇。國民黨政府在軍中設立「軍中樂園」，與日軍徵召慰安婦又有什麼不同。對這些「公娼」定期體檢，本是衛生連醫官的事，我在服預官役時，將此「任務」交給其他的醫官擔任。

還有些老芋仔爲了生理需要，捨不得花那錢，便找那年輕的充員士兵，搞「斷袖」的「同志愛」。充員兵畏於「老班長」、「老士官」的權威，只有唯命是從。這種情況不多，有些充員兵將這種情況，反映給輔導長，使某些「老班長」、「老士官」不敢再放肆，對充員兵來性騷擾。

我目睹這種軍中生涯，不得不對國民黨政府有所質疑。因爲青年學生時代，思維單純，未深入社會，聽到一片歌功頌德的言論，認爲「青年創造時代」、「時代創造青年」應符合大時代的需要。一旦離開學校，首先接觸了軍中生涯，總以爲軍中比較單純，那知道軍中同樣有一層黑幕，對我沒有多大影響，因爲只是一年半的的預官役。職業軍官卻不同了，要占缺才能升階，因此吹捧拍的做官術不能缺一，否則只有在那個官階停滯，不能往上攀升，一肚子牢騷若是不小心說出來，那可不得了，思想有問題，一頂大帽子戴上，罪有得受。

直到現在我依然感覺十年監獄生活，改變了半生的生涯規劃。出獄後的二十多年，我除了承續阿爸留下來的診所，做一名醫師，毫無更大的成就感。如果沒有失去自由的十年，敢於相信，在醫學工程的研究上，應有一番貢獻。這種損失，豈是個人的遺憾？

一九七五年一月二十日　警總景美看守所

第六年刑期開始，還有漫長的十年在這牢籠渡過；不由地使我心中湧出悲哀。雖然，我算是九死一生，從唯一死刑的條文被起訴，而被判了十五年有期徒刑。可是黃金歲月虛擲浪費，自己成爲一個學無所用，學無所獲的「廢人」。愧爲人子、愧爲人夫、愧爲人父。

我是阿爸心中唯一能承續他老人家事業的長子，一心一意栽培、養育我，期待我能更進一步成爲醫師的醫師，不似他那般是鄉村醫師。回顧阿爸的一生，可謂人世旅途坎坷崎嶇，歷盡辛酸，和阿母的戀愛、以及阿母的早逝，成爲他心中永難磨滅的傷痛。爲了我、爲了大姊與大妹，娶了二媽，二媽是客家人，中和診所便是二媽的哥哥劉添貴開設，添貴舅舅也是阿爸在台中師範求學時最好的同學。二媽生了三女一男，大弟中和夭折；不久，二媽又過世；五個女兒，一個兒子的教養，落在阿爸一個人身上，娶了三媽，生了一男一女，小弟中平不幸罹患小兒痲痺症，身爲醫師的阿爸，只有自責自疚。在如此困惡的環境中，阿爸督促我們子女一心向上，接受了相當好的教育，不論兒子、女兒，都在大學聯考的戰場上，進入理想的學校。

如今，因爲我的關係，不但未能減輕阿爸生活上、經濟上所有的負擔。爲了使我在看守所能有較好的環境，阿爸以花甲之年，東奔西走，拜託有關係的親友，疏通人情，使我不致長日在苦牢裡蹲。而他老人家每次看到我，沒有絲毫的責備言詞，要我放下心來服刑，唯一的期待，若得不到減刑，也期能在若干時日，獲得假釋，每次看到阿爸蒼老消瘦的面容，我眞是慚愧得無地自容。

憲子是嘉義市人，岳父蔡曲在嘉義經營一家運輸公司，岳母鄭桂桃，相夫教子，憲子在家中是大姊，有兩位妹妹、兩位弟弟。憲子嘉義女中畢業，便考上台大醫技系。二位妹妹碧秋、碧華先後考入台北醫學院藥學系和中興大學社會系。弟弟正德考入高雄醫學院醫學系是我的學弟，正賢則考入台北醫學院醫技系，也是優秀的男女青年。我與憲子雖是經友人介紹認識，但，卻是一見鍾情，經過多次交往，也算是自由戀愛，由於兩人所學相同，志趣相投，雙方家長更是贊同這樁美滿的婚姻，準備完婚之後，我即可偕同憲子返回日本，完成我還有幾個月的博士學業，憲子尋覓適當的醫科大學繼續深造。沒想到竟在蜜月旅行歸來之日，被警總保安處傳喚，以叛國罪起訴，頓時使我完美的婚姻生活，受到莫大的衝擊，我無權要求憲子等待十五年，曾多次提出離婚的要求。但憲子毅然拒絕，並得到他父母、弟弟、妹妹的支持，這股力量使憲子鼓起勇氣，上書蔣經國，委曲求全的希望網開一面將我釋放。當然所得的答覆，先是如石沉海，最後則是輕描淡寫的「依法處理」四個字。身爲人夫的我，不但未能使憲子獲得幸福，卻是惶恐中與我共患難。

冠宏在一九七一年來到人間，我不能每天與自己的兒子共享親子之樂，一切的擔子由憲子承受。冠宏啞啞學語時，知道我是爸爸，爲什麼爸爸不能每天回家呢？在他小小的心靈上，是不是有這樣的疑問？對他成長的生涯，是不是有絕大的人格影響？專攻醫學的我，深切知道孩子成長的過程，父與母的愛是同等扶持小孩必要的條件。爲什麼單親家庭長大的小孩，往往在性格上有所偏激。因而，我不得不爲冠宏的成長憂心忡忡了。

總結而言，在我應該報答阿爸、扶持家庭、融合全家幸福的日子，卻在國民黨政府專制極權的統治下，只因在留學日本期間，和台灣青年獨立聯盟的主導者，有一面之緣，即被扣上叛國的罪名，重重的判了十五年。使我對家毫無貢獻，對這塊土地上的同胞，無所給予，成爲家庭中一大累贅。

在過去五年時間，難友們雖曾多次流傳耳語和小道消息，便是減刑和假釋，一般來講，凡蹲了三分之一、二分之一刑期的囚徒，獲得假釋的機會會比較多。我深知自己是「菜鳥」，屬於「新進」，雖曾多次說什麼我也列在名單之內，尤其蔣介石在萬年國大選爲第五屆總統之時，更是帶來無限希望，雖有極少數的「匪諜」、「台獨」取得假釋，我呢？總是「擦身而過」。後來，才知道我是外役醫師，和所長、輔導長較有機會接觸，他們爲了照顧我，只有放放「空砲彈」給我一瞬間的精神安慰。每當想到某些難友只因擁有一本「禁書」，即被判了重刑、甚至極刑；我又是多麼幸運。

一九七五年四月五日　警總景美看守所

清晨八時到醫務室「上班」，看到馮醫官、孫醫官面色凝重。我拿了報紙，第一版原先紅色刊頭卻一片黑色「中央日報」四個大字，第一條的新聞斗大的黑色粗圓字體刊著「總統蔣公崩殂」，再詳細略讀一遍，原來昨夜的大雷雨時刻，蔣介石魂歸離恨天；蔣介石近幾年來，很少露面，全島百姓都知道八十九歲的他，早即臥床不能管理國家大事，可是國民黨眞是阿Q，所有的立體、平面新聞，都是報導他精神如何健壯、仍然爲國事操勞。事實，大家心照不宣，所有黨政軍特大權，都操諸在他兒子蔣經國的手裡。嚴家淦雖貴爲副總統、甚至一度兼任行政院長，只是一人之下、萬人之上的傀儡花瓶。什麼事都由副院長蔣經國當家做主。到了蔣介石、嚴家淦當選第五屆正副總統，老子提名兒子擔任行政院長，眞是「內舉不避親」，立法院自然以百分之九十幾的舉手通過同意權。

蔣介石亡故，只見電視、報紙無不長篇累牘的報導他的「豐功偉蹟」，一片哀悼。嚴家淦依照憲法，接任還有兩年任期的總統職務，並且頒布命令，令全島以國殤之禮降半旗一個月，最令人感到荒唐的便是，全島各娛樂場所，包括電影院、餐廳等等商場，也停止營業一個月。對他的死亡以「崩殂」形容，令人彷彿回到封建帝王時代。「崩殂」兩個字，原是對皇帝死亡的尊崇之詞，民主時代的總統亡故，豈可以此封建色彩名辭來形容。

蔣經國爲其父之死，向嚴家淦請喪假，嚴家淦則以「節哀順變、墨絰從公」勉勵，表示以大孝爲國操勞。各機關、學校，某些大型的私人公司，都設置了靈堂，發動群眾先行在「自家門內」祭拜。好像蔣介石一死，台灣面臨亡國之痛了。在我們看守所，所長交待少數外役，回到牢房不可向「同學」宣佈蔣介石死亡信息，工程隊外役停止勞役，因爲大多數難友是「政治犯」、「思想犯」，所長、輔導長明白，這群「同學」對蔣介石的死亡內心是喜悅而高興，因此以防乘機起鬨，沒有像其他單位擺設靈堂，強迫「同學」祭拜，只是加強戒備。

據說蔣介石的死亡時間，本是在四月四日午夜十一時許，當日白天本來是燠熱難受的大晴天，在那個時刻突然狂風暴雨加上轟轟雷聲。國民黨在蔣介石官邸召集嚴家淦以下五院院長，共同爲蔣介石的遺囑簽名見證，而且將他的死亡時間，說是在清明節（四月五日）的零時，以配合清明節。如果是眞實的話，足以證明國民黨愚民到如此程度也是少見。不過下大雷雨的異常天象，事後，民間便傳說，蔣介石是烏龜星下凡，所以臨終之時，雷雨交加歸天，活龍活現的一幅迷信圖騰。

一個月的時間，電影院及其他娛樂場所包括餐廳在內停止營業，經濟活動完全沒有了，全台灣豈不是陷入「死島」，生意人那能受得了。於是蔣經國「從善如流」，沒幾天便取銷此一禁令。爲了悼念蔣介石，從四月九日開始，蔣介石遺體擺在國父紀念館，發動全省各地的群眾去瞻仰遺容，台灣的四月天，已逐漸炎熱，爲了表達對「領袖」的尊敬、悲悼，出殯之日，更是萬人空巷來一個路祭，從台北到桃園慈湖，無不有群眾跪拜送喪，是不是出自個人眞正心願，或是在單位命令之下、或以誤餐費利誘爲之，不是局外人所能知道。還有一則令人覺得阿Q的，便是各邦交國派出的哀悼團，小國當然是派出總統、副總統爲代表。美國那時還與台灣維持形式上的外交關係，對蔣介石的亡故，本是擬定以農業部長爲代表團團長。國民黨認爲不夠面子，經外交部提出「抗議」和「協商」，美國政府改派副總統洛克菲勒爲代表團團長，才感到滿意，這眞是「死要面子」成爲國際笑談。

蔣介石去世之前，在三月二十九日便預留遺囑，這紙遺囑讀起來，拗牙裂舌，與國民黨總理遺囑相比，後者簡短明瞭，一百餘字順口流暢，凡是讀過書略識之無的人，只要讀了幾遍即能背誦。前者嚕哩嚕嗦，遺囑之後，執筆人秦孝儀畫蛇添足加上自己的名字，來個「秦孝儀奉命……」什麼的，想藉此「留芳百世」。平心而言，總理遺囑執筆人，傳聞是汪兆銘（即汪精衛）所寫，從兩篇遺囑一比較，汪兆銘不愧是一代才子。秦孝儀望塵莫及，寫遺囑而踐文，便失去使全體人民了解的意義。後來，秦孝儀又撰寫了一首《先總統蔣公紀念歌》，歌詞更是八股，引經據典踐文踐得離譜，誰也唱不下去，沒好久大家都不唱了。只有徵選的歌詞還有人可唱得下去。三代以下，無不好名者，秦孝儀藉蔣介石之遺囑爲自己留名，蔣家人很不愉快，秦孝儀便由國民黨中央黨部的實權派，調到冷衙門故宮博物院擔任院長去坐冷板凳。

國民黨政府對蔣介石亡故的善後，如同帝王一般，爲了宣示還要「反攻大陸」，不在台灣埋葬入土，選擇了桃園慈湖爲他棺槨「暫厝」之地，蔣介石生前，台灣各風景名勝之處，都有他的「行宮」，最著名的陽明山、日月潭、壽山、復興鄉……。在台灣生活了二十六年，應該是他一生之中，享盡人間富貴榮華的日子。身故後，媒體一片歌功頌德的文章和聲音，御用文人更是天花亂墜，譽之爲「世界偉人」、「民族救星」，似乎他一亡故，台灣人民，甚至大陸同胞都失去生活目的、生命意義。最初，各媒體將蔣介石稱之爲「故總統」，過了不久，不知那個拍馬屁的御用文人，認爲稱蔣介石爲「故」是大不敬，應該改稱爲「先總統」以示尊崇；因爲他「永遠活在人民心裡」；如同過去在大陸時代，尊崇孫中山一般，高喊：「國父精神不死」，某些不識大字的軍閥，還鬧出「國父不死，還有精神」的笑話。

對關押在警總景美看守所，我們這群扣上「紅帽子」、「獨帽子」的「政治犯」、「思想犯」來講，所方雖然最初幾天「封鎖」消息，沒過幾天自然知道「民族救星」魂歸西天，私下無不高興，認爲蔣介石的死亡，會對我們有大好的消息。因爲依照古代新皇帝即位或者是老皇帝崩殂，都會有次大赦天下罪，以示仁德。國民黨政府既然稱蔣介石之死爲「崩殂」，會不會依照「古制」，由嚴家淦頒布大赦令呢？囚房中的難友都懷抱著這份「沒有希望的希望」。事實，我們看得清楚，縱是「大赦」，會不會加惠給我們這群被視爲國民黨政府「大亂」之源的「罪大惡極」的囚徒？

「希望」成爲難友的等待，我依然服外役，每天周而復始，過著毫無生趣，呆呆板板的日子，心裡所想的、嘴裡想說的，只有悶在自己心坎裡。見到阿爸、憲子獲得精神支持力量。快樂的時刻，只有在見到冠宏，爲人父的愉悅油然而生。他已經可以走路，啞啞學語，見我，憲子要他喊爸爸，他以稚嫩的童音：

「爸爸！爸爸！糖糖……」我抱抱他、摟摟他、吻吻他的小臉，心中感到內疚，作爲爸爸的我，不能天天與他生活一起，使他享受父子之間的樂趣。現在他還小，不知道向媽媽提出這個問題。五年後，當他進入國民小學讀書、或是再隔二、三年，送到幼稚園，看到別的小朋友，有爸爸或媽媽接送，他會不會問媽媽：

「爸爸爲什麼沒有每天回家家？爲什麼不陪宏宏玩？」那時，憲子又將如何回答？

蔣介石已故，嚴家淦接任總統職，他是沒有權力慾望的人，可能沒想到會有擔任總統的一天。如今，高高在上，無爲而治，實際的權力全由蔣經國掌握。尤其在國民黨內部，以鞏固領導中心的老套式，選出蔣經國擔任並將稱呼改爲「主席」的黨領袖。於是，國民黨的「總理」成爲孫中山的專有名詞、「總裁」便成爲蔣介石的專有名詞。可見國民黨的封建思想多麼漂亮，製造假民意，似乎台灣無蔣介石將會遭到天崩地裂的命運，又將台灣的希望寄託在蔣經國身上，完全子繼父權的帝王思維，加上御用文人的強力吹捧，蔣經國已是第六任總統的唯一人選，誰都看得出來，嚴家淦只是第五任總統最後兩年的過渡人物。

囚住於警總景美看守所的我們，不論戴上紅或獨帽子的政治，大部分都是受過高等教育的知識分子，心裡自然明白，自古以來，任何獨裁者總有西歸的一天。權力使人戀棧、也使人腐化；中外古今無不如是。國民黨掛著民主、自由的招牌，關起門來戒嚴，對稍有不滿現況的知識分子，扣上叛亂罪名，對外卻不承認台灣有政法犯、思想犯。死死咬住我們是判亂國事的刑事犯，掩耳盜鈴、欲蓋彌彰，莫此爲甚了。

面對還有十年漫長刑期，午夜夢迴，聽到難友的鼾聲、咬牙聲以及噩夢中的驚叫聲，不禁使我悲從心來，淒然落淚。思及未來，十年之後，已邁入近半百的老人了，還有什麼作爲呢？以判亂的罪名加之於我？我那有這般能耐？既無槍炮、又無兵卒，何來判亂之有？如果說我有獨立思考的判斷能力，那麼全台灣十有八九都可冠以「思想犯」的罪名了。人爲刀組、我爲魚肉，只有聽憑擁有權力的人，錮固我們的身體，蹂躪我們的人格、羞辱我們的人性、踐踏我們的良知了。

一九七五年四月二十一日　警總景美看守所

皇天不負苦心人，嚴家淦頒布了全國減刑條例，用以彰顯蔣介石的去世，恩澤受刑人，所有人犯減刑二分之一，死刑者減爲無期徒刑、無期徒刑減爲十年有期徒刑、十五年者減刑爲七年、十年減刑爲五年、兩年減刑爲一年。卻有一個但書，依懲治叛亂條例判刑確定者，只能減刑三分之一，以我爲例：十五年減去五年，改爲十年。更有一個但書的但書，凡是參加共產黨經判刑確有證據者，不在減刑之列。

如此減刑條例，雖不是大赦，總是比沒有減刑來得好。消息很快的在難友中間傳開，成爲「幾人歡樂、幾人愁」的景象。上天保佑，我算是被列爲減刑的「獨犯」之一，少坐五年牢，要比多坐五年牢，來得好多了。對那些被戴上「紅帽子」的政治犯，未能獲得減刑，我們獲得減刑的人，除了同情之外，也只能給予安慰和鼓勵。爲自己也爲他們勾劃另一個「空中樓閣」、「海市蜃樓」的美麗未來。因爲我們心知肚明，兩年後嚴家淦一定不會參選總統，一定薦賢禮讓給蔣經國出任總統，那時說不定又有一次赦免罪犯、或是減刑的機會。

再有的但書，除了戴紅帽子的政治犯不予減刑，凡是因懲治貪污犯罪條例的人犯，也不列為減刑。換言之，反而那些殺人放火、搶劫強暴、擾亂社會治安的罪犯，獲得了減刑。同時，戴上紅帽子的罪人，也有幸、也有不幸？像蔣海容、李世傑（蔣是調查局第三處處長、李是第一處副處長），都因涉匪諜案，判了死刑，不論他們是否冤案、假案、錯案，既然減刑條例規定，因參加匪黨，而被判刑確定者，不予減刑。可是蔣海容與李世傑，都由死刑減為無期徒刑。顯然其中大有文章，上層極可能知道他們兩人不是冤案、即是假案、或是錯案。同時，其下被牽連的十多人，也獲減刑。對某些小人物因看了「禁書」、或與大陸親人透過海外關係通了信，也被扣上一頂「紅帽子」予以判刑，卻不被減刑，是何等的不公平？在這種專制的體制下，國民黨政權又與共產政權，有什麼區別，有什麼不同呢？

傳統的「師爺」公文往返，四月二十一日有減刑之「德政」直到五月十六日正式公布，普通刑事罪犯一律減刑二分之一、罪惡滔天的煙毒犯、強姦犯、殺人搶劫犯、竊盜犯、擄人犯……都包含在內。良心犯（即政治犯）減刑三分之一，紅帽子犯、貪污犯不予減刑。不過也有例外，像基隆聯檢處的嚴以勤、孫志豪卻由死刑減為無期徒刑。

如此又拖了近兩個月，在七月十日，減刑條例生效，該放的放、該減的減，不減的只有認命了，少數例外那眞是祖上有德了。我呢？盼望了二個月，總算是去了五年的有期徒刑，與其他減刑的人，眞的要高喊：「蔣介石死有餘蔭、德被眾生。」更要高喊：「蔣介石萬歲、萬歲、萬萬歲！」了。

第十五章　醫務室「地下主任」

一九七五年九月一日　警總景美看守所

看守所醫務室陳桂少校、馮帝邦上尉兩位醫官，自今天起同時退伍爲民，他們都是善良的好好先生。在我未到醫務室服外役時，以爲醫務室的醫官，都應是在國防醫學院接受完整醫學教育，畢業之後分發的軍醫，不似我在小金門服預官役，野戰部隊衛生連的醫官一般，有的只是行伍看護士官用來充數，甚至某些大學生化學、博物系畢業的預官，也權充醫官。因爲在部隊中大病可送野戰醫院，小病開出的藥方，吃了不好不壞，略懂英文醫藥的專有名詞，「多休息、多喝水」成為所有醫師對罹患傷風感冒的病患一律用語，即使發高燒注射一劑退燒劑、開一劑退燒藥，無礙病情。

沒想到在看守所醫務室的醫官，依舊和野戰部隊衛生連有類似狀況。我剛調服外役，醫務室的孫醫官、馮醫官都是野戰部隊衛生連資深看護士官，只是他們在未入伍之前，都是接受了高中教育的青年學生，憑藉自己的努力，在醫學知識上能更進一步。同時，為了充實軍中醫官的奇缺，有常常舉辦軍醫的合格甄試，錄取了不少，將他們保送國防部醫學院接受短期的醫學基礎教育，分發到軍中基層單位。

看守所既是關押人犯的所在，自然不受到重視，接受了國防部醫學院完整醫學教育的畢業學生，自然不會分發到看守所。成績優秀的都分發到榮總、三軍總院、或是海、陸、空軍總醫院，起碼也會分發到野戰醫院；軍中監獄、看守所自然輪不到。於是看守所的醫官，我不敢斷定他們的醫術，縱有妙手回春的醫術，也無用武之地。限於經費醫務室好的藥品缺少，因此，醫務室只能看看小病，大病則是送到三軍醫院去治療。正因為如此，我受過完整的醫學教育、而且留學日本的「人犯醫師」成為醫務室的「瑰寶」。

陳醫官、馮醫官退役後，醫務室的醫師，由我獨當一面，儼然成為景美看守所醫務室「地下主任」。在編制內醫官未退役之前，不論是孫醫官、馮醫官、以及後來的陳醫官，和我之間都相處非常友善。他們不將我當作人犯看待，某些患者來醫務室治療疾病，難以判斷其病徵，我們都來一個「會診」，進行討論；決定是送到軍醫院或是在醫務室觀察。如果遇到要送軍醫院，這個差事都落在我身上。加派一名士官或是班長同往。我心中有數，這是給我順道回家探望阿爸、憲子、冠宏的機會。

某些病患不必送到醫院，只要注射抗生素或服幾顆抗生素藥丸即可，醫務室卻缺少這些藥劑。遇到這種狀況，我基於醫德，往往在獲得所方同意，撥一通電話給阿爸，請他就診所現在比較有效的藥劑，派人送到看守所，或是我順道返家時帶回看守所，替患者注射。因此，所方對我另眼看待，認爲我不失爲一名具有醫德的「人犯醫師」。

阿爸不僅在藥劑方面，對我的請求，毫不吝嗇的給予協助，可說是出錢出力。在今年四月中旬，還給我一部日文原著「家庭醫學」，要我利用公餘時間，好好的閱讀，能夠將它譯成中文出版，使台灣人民能夠了解家庭醫師的重要性。阿爸一直認爲社區醫療制度，未能在台灣推行，是嚴重缺失。正因爲第一線社區醫療缺乏，因而極多心肌梗塞、心臟病、氣喘病患者，不能在第一時間獲得緊急救治，使不少應不致死的病患猝死。所以阿爸將日文原著「家庭醫學」給我。在醫務室除了「門診」時間，便抽空閱讀，了解書中家庭醫學的重點，譯成中文。可惜身在囹圄，雖有部分自由，每當晚餐難友放風後，我也得回到牢房，心中依舊忐忑不安。過了五年，身心疲憊，翻譯工作不能集中全力去做，辜負阿爸對我的期待。不過「家庭醫學」仍給我不少新的醫學觀念。

我擔任了「地下主任」，醫療時間可說是非常忙碌。尤其看守所的「人犯」，都有個「裝」小病的「技巧」，哼哼哈哈這邊不舒適、那邊疼痛的，由戒護班長帶到醫務室，要我量一量血壓、聽一聽脈搏心跳、看一看喉嚨、舌苔……藉此向我討一支菸吸一吸。我樂得做好醫師，和他們聊聊天，大多數都一些胃藥、阿斯匹靈或是止咳藥水……讓他們帶到牢房服用。自然有的是眞正患了疾病，我便仔細的診療，要送醫院便送醫院，必須注射藥劑即刻注射。我雖是外役醫師，人命還是最重要的，起碼的醫德還是必須具備。

有的「犯人」，能在失去自由的時刻，懂得養性修身之道，不會因長期的徒刑，喪失活下去的勇氣。由於政治犯、都是知識分子，並不認爲自己是萬惡不赦的罪人、惡徒。都能平靜的過著失去自由的日子。其中包括了柏楊、李敖、謝聰敏、魏廷朝，我的同學陳永善以及其他人等。看守所裡的軍官，自所長以下各級戒護士官，對我們知識分子，頗爲禮讓，講話非常客氣，從無吆喝無禮行爲。彼此心知肚明，各人立場不同，主客觀條件下，只要不惹出大紕漏，生活在看守所裡，倒也相安無事。

除非警總保安處下達命令，有時要將某些政治犯調離景美看守所；那可勞師動眾，所長以下的官、士、兵無不緊張幾天，調派警衛人員以及車輛，因為調離看守所的「人犯」，並不是一兩個人，而是幾十個人、幾百個人一起送。尤其到綠島、泰源感訓監獄……往往所長親自出馬壓陣，請憲兵營派出警衛人員，一路上坐車又坐船，直到安全抵達目的地，押送的人員才大喘一口氣回返看守所。看守所的所長、軍官也是不好當的。不過，在這裡擔任的職務，升遷的管道，似乎要比野戰部隊的軍官來得便捷。占缺都是比原階高一級，任內不出大漏子，屆年必然高升。以今年年初來說，我便看到軍法處自處長周濟良以下，包括徐元麟所長、張玉芳組長、黃志雄、方正彬、趙紫健、許文諭、羅家忠……諸位軍官都晉升一階，成為軍法處、看守所的一大喜事。

只是低層士官兵，限於學歷、職缺，似乎到了某一階級，停滯不進。充員戰士有服役年限，數著饅頭過日子。容易鬧情緒的是士官，他們大多數年已四、五十歲，所受教育不多，對未來是到此為止。無家無眷，頭腦固執，除了吸菸、喝酒作為消遣，脾氣難以捉摸，三杯黃湯下肚，口沫橫飛，你一言、我一語的爭得面紅耳赤，有時自己人和自己人拳頭相向，互毆了起來。還有一些服外役的，不識好歹跟著起鬨，結果倒楣的是自己，取消外役，回到牢房裡蹲。除非再有好的表現，才能再調外役。

調服外役的「犯人」，也有逃亡的事件發生。大多數是刑事犯，為何有刑事犯呢？常是年輕不更事的充員兵（大多是警總、軍管區編制內的士兵），犯下了逃亡罪，送到看守所，調服外役，有時藉機又逃亡，要不了多久，又被抓回，加重其刑，於是兩、三年的兵役期，一些年輕充員兵，腦筋糊塗，不會算帳，一逃、二逃、再三逃……成爲逃亡罪的累犯，刑期加上役期，在軍營與看守所幾達十年的不是沒有。

政治犯、思想犯調服外役的絕對很少，我能調服外役，主要原因是我具有醫師資格。更重要的是我只是「獨」派，而不是「紅派」。戴上「紅帽子」的政治犯、思想犯，調服外役，可說是絕無僅有。前已述及，柏楊曾一度調到圖書室管理圖書，範圍只在看守所，沒有我一般自由，可藉送病患的機會，到家中探視家人。有人說我的罪名，如果是一九六〇年（提前十年的話）即可能小命不保，一槍斃命，送到閻王爺那兒去也。這便是政治犯、思想犯的幸與不幸了。

第十六章　康所長及徐所長

一九七五年十二月三十一日　警總景美看守所

我自警總博愛路看守所轉押到軍法處景美看守所，忽然之間，囹圄生涯已是第六年頭了。自判決確定，調服外役，獲得較大的自由空間。可是每天「收工」之後，還得回到專供外役居住的押房。五、六個外役居住在不到三坪的牢房裡，彼此相濡以沫，暢談內心世界。自然爲了本身安全，心照不宣不論國家大事，避免被錄音，防止被密告，再來一個「罪上加罪」的罪名。

景美看守所的人事變動，可說是「幾番風雨」。剛轉押到景美看守所，我是「菜鳥」「政治犯」。由於判決未定，心神不定是免不了的事。當時的所長是張少校，因他臉頰有一顆黑痣，大家私下替他取了綽號是「黑點的」。據說他是老軍法處出身，由警總軍法處派任。國民黨政權，自撤退到台灣以後，各軍種的軍法處，都是一條鞭式的統御和管理。看守所的所長任命皆由軍法處派任。其中主要原因在便於指揮。

看守所內的「人犯」高達數百名，爲了使不判死刑、無期徒刑的人犯，有剩餘的勞動價值；看守所以下設立了洗衣工廠、縫衣工廠、工程隊、手工藝工廠等等勞動場所。勞動所得一部分作爲人犯的廉價工資；大多數盈利，則歸看守所及軍法處支配運用。這是違背國際人權的作法，但是國民黨一手遮天，對外既稱台灣沒有政治犯、思想犯。對內嚴加管制，一言賈禍，比比皆是。而且利用人犯的心理，剝削人犯的勞動力，賺得的利益絕大部分爲看守所額外預算。各工廠廠長以及工程隊的隊長，派任資深士官、班長擔任。行之多年的一條鞭做法。到「黑點」張所長他調，有了改變。新到任的康景文所長，則由憲兵司令部派來的，康所長到任，又調派十名憲兵到看守所。主因憲兵應是各種教育程度較高的兵種，同時忠誠度更高，被稱之爲「領袖的鐵衛隊」，或許政治犯、思想犯大多數是知識分子，憲兵較不易被左右，也較不會有貪贓枉法的行爲。憲兵既具司法警察的位階，到軍方看守所服勤，理所當然。

康景文所長上任後，憲兵士官果然「不同凡響」，和我們這些「人犯」溝通上能夠說得「通」，彼此都在「理」字上站得住腳。有時候相互長篇大論的辯說，憲兵士官反而受到我們的影響，彼此心有靈犀一點通了。這是警總當局所不能預料得到的。康景文所長後來轉念參謀大學，調昇保安處少將處長、南警部中將司令等職。

我調服外役，作爲景美看守所醫務室的「地下主任」，另有調服外役畢業於台大醫學院的林文章醫師作爲助理醫師，他也是因爲「思想問題」判了八年有期徒刑，他押到景美看守所，我已是「老鳥」，他是「菜鳥」，調服外役情緒上不似我一般安定，我只有好言予以規勸，安慰他一切只有「認」了，常言說得好，「留得青山在，不怕沒柴燒」。

此時看守所所長康景文早已調升，由徐元麟少校接任，並在今年元旦晉升中校。徐所長也是憲科，到了十一月下旬，徐所長復調到綠島國防部感訓監獄爲科長，軍法處調鄭庭壽少校接任所長，全所舉辦迎新送舊的「宴會」。當然這樣的「宴會」，並不是所有人犯都能參加，只有外役犯才能「光臨」。有的良心犯根本請也不參加。對我而言，已與歷任所長、輔導長；甚至包括處長、副處長，建立了個人的「友誼」關係，倒是樂意參加，藉機吸菸、喝酒，眞個是人生難得幾回醉。

徐元麟少校擔任三年所長，調到綠島，他是一百個不樂意，在那鳥不生蛋的島嶼，離家路遙迢，「明升暗降」。我的揣測，徐所長調到綠島，可能受到當時外役的蔡添樹逃亡到日本石垣島，又轉投到大陸案的影響，心情的鬱卒可以想像得到。後來因罹患慢性腎盂腎炎、合併尿毒症，病魔纏身，多次住進醫院，我曾去探望他，於一九七七年二月五日病逝三軍總院，眞是好人不長壽。

醫務院內正式編制內的醫官一直懸缺，全由我這「老鳥」外役醫師擔綱，另外有林文章、鄭文祥兩名外役醫師共同負責全所包括「人犯」在內的醫療工作，我們三人都是接受完整醫學教育、同時取得正式醫師資格的醫師，因此在醫務室勝任愉快。但是，我們是外役，不能享受醫官的待遇。打掃醫務室的清潔工作，也得全程包辦。三人輪流一人打掃一星期，外診的機會也是輪排，除非指定要誰外診，誰就優先前往，如此一來，我外診的機會比較多了。

我所以能在景美看守所獲得頗好的待遇，不得不感謝表姊夫董上校，他是山東人，心直口快，知道我只是認識在日本東京「台灣青年獨立聯盟的人」。手無縛雞之力，那能回到台灣造反。我被保安處逮捕，阿爸找到他，請他幫幫忙，說項說項。當時，董上校是警總福利處處長，前已言及，同樣是處長，對保安處的「專案」，貴爲同位階的福利處處長是不敢妄加一言，否則惹禍上身。直到我判刑確定，董上校才能向軍法處、看守所打打招呼，希望在看守所內得到照顧。

我們知道台灣的司法界，一向為人詬病，關起門來法官自由心證，於是民間流行「有錢判生、無錢判死」的諷刺語句。某些司法黃牛、利用家屬極盼被告無罪開釋的心理，鼓其三寸不爛之舌，大吹特吹某檢察長、某庭長是其好友，或是同學，向被告家屬大敲一筆竹槓。正因為檢察官、法官一道門，往往拿對了鎖匙，便能打通關節，一審判無期、二審判十五年、三審判無罪了。這樣的司法界，若俟河之清，似乎難免哉！司法黃牛不是沒功效，只看有沒有找對人。

司法有黃牛，軍法自然也有軍法黃牛。尤其情治單位或是軍法界退役的不肖分子，常常利用家屬的焦急心理，伸出死要錢的魔掌，大敲一筆。其實在戒嚴時代，凡因觸犯懲治叛亂條例被抓進警總保安處的「人犯」，軍法黃牛是用武之地乏力的。「專案小組」權力之大、威嚇之重可以直到「天庭」。調查局的情治人員亦奉其命辦事，否則蔣海容、李世傑那會變成「匪諜」罪名的階下囚？

我在一九六九年二月二十一日，被警總保安處逮捕。阿爸心中感到非常不安與焦急。如果不是因為他的因病住院，我不會急急忙忙的丟下還有幾個月的博士學位，從日本歸國，可能躲掉這場十年的牢獄之災；我又是家中的長子，阿爸的希望放在我的身上。在我遭到逮捕後，阿爸自然多方設法，尋求解救我的途徑。首先只能找表姊夫董上校，董上校了解案情，知道個中原由，除了應允待「專案小組」確定如何辦案，只能在囹圄中拜託照顧，若求安全脫身，他也愛莫能助。阿爸在我刑滿出獄時，十年歲月已使他髮更蒼蒼、視更茫茫，除了歡喜的迎我回家，對他在這十年中，曾否受到軍法黃牛的欺騙隻字未提。

只是我多方打聽，知道有一名也是高雄醫學院畢業，在士林開業的何醫師，在某種情況下，曾與阿爸接觸，表示他和國防部情報局上層有關係，可以為我的案子請求無罪開釋。他是否介入，向阿爸索取鉅額的賄賂款項，阿爸既不提，我在無證據之下，有了自由之身，也無法找他探求底奧。家中的姊妹、弟弟，一致認為十年的牢獄之災已過去了，什麼苦都吃了，縱是那名軍法黃牛從阿爸手中訛詐了幾十萬或是幾百萬，沒有明確的證據下，只能啞巴吃黃蓮，上當吃虧，不會再有第二次。

從這裡可以看到，台灣的司法、軍法，尤以後者在戒嚴地區一切只有聽憑自己的運氣了。雖然阿爸後悔不該讓我從日本回來；可是從「塞翁失馬，焉知非福」的層面看，如果我不回來，又那能娶到蔡憲子為妻，而且伴我走過陰暗的十年歲月。並且在我服外役時，替我陳家生了兒子冠宏女兒冠宇。使阿爸不再為「不孝有三，無後為大」操心，也使阿爸在垂暮之年，享受到含飴弄孫的樂趣。

當時軍法審判的殘忍，可說是體現國民黨政權的野蠻霸道。很多已經判決無期徒刑，或是有期徒刑確定的政治犯、思想犯，尤其是戴上一頂「匪諜」紅帽子的「罪人」，往往在槍決死犯的時候，被莫名其妙的接出去，一同在安坑刑場斃命了。如此狀況，軍法處與看守所也只有任憑主宰生死大權的保安處胡搞一通，這些冤死的囚徒，直到臨終也不知道為什麼「變更」了判決。

至於服刑期滿的囚徒，大多未能在刑期滿的日子釋放，總會拖得兩三個星期，甚至多蹲大半年的苦牢，這白坐苦牢的日子，那有什麼冤獄賠償？誰敢提起來，可能再來一次判決。因此，很多人能獲得自由，已是萬幸，多蹲的日子，只有算是「利息」賠償給軍法當局了。

平心來講，軍法處並不是不想依法行事，可是遇到保安處移轉來的「專案」，牽涉到「匪諜」案、「台獨」案，只有乖乖的依照專案小組要如何辦就如何辦了。否則軍法處吃不了兜著走，不想在警總工作了。弄得不好，自己落個包庇匪諜、包庇台獨罪犯的罪名，軍法官做不成，倒成為囚徒，那是划不來的事。只有狠下心來，寫起訴書、下判決書，足見保案處權力之大，應是警總第一把交椅。

第十七章　獄中生子

一九七六年一月二十四日　警總景美看守所

去年十一月間，新任所長鄭庭壽接任後，曾經笑著問我：「阿統！聽說你服外役期間，你老婆爲你生了個兒子？是不是眞有其事？」

「報告所長！你猜猜看？」我打馬虎眼的說，其實，我自調服外役，憲子在一九七一年爲我生下兒子冠宏的事，不只是所裡上自所長、下至戒護班長知道的事，軍法處也曉得，彼此心照不宣，只要不逾越過分，彼此相安無事。這幾年，爸爸希望憲子能再生幾個孩子，他擺脫不了傳統多子多孫多福氣的觀念。爸爸可說是傳奇性的遭遇，能由佃農之子成爲一介教師、又由教師成爲醫師，是他自己預料不到的。與阿母的戀愛結婚，只有短暫的六年便永別；爲了姊姊、我、妹妹三人的撫育責任，娶了好同學的妹妹爲二媽，二媽爲阿爸生育了一男三女，可惜弟弟陳中和夭折，二媽又不幸病逝，一男五女的擔子，阿爸父兼母職，那堪負荷，娶了三媽，生下小弟陳中平，和么妹陳瑞碧，中平不幸罹患小兒痲痺，今已痊癒只有一腳不便。阿爸對兒女的教育相當重視，我們身爲子女的人，也不負阿爸的期望，每個接受了高等教育。可是，阿爸的理念上，依然重男輕女的。於是將一切家庭希望放在我身上，不只是期盼我繼承父業，更盼望我能多生孩子。於是，我返回台灣，迫不急待的要我結婚生子。卻沒料到我蜜月期間，被警總抓進囚牢。

阿爸對我剛結婚兩星期，就被逮捕，接著判了十五年的重刑，以他老人家的想法，是「不孝有三，無後爲大」對於我沒留下後代耿耿於懷。

首先，他到處找我的好朋友，台北、高雄，甚至找到日本。看看有沒有我和別人生的孩子，結果當然不可能有任何結果。家父的第二步，就是想以人工授精的辦法，叫我把精子送出去，這在第一年押房的時代是件不可能的事，玻璃管、冷凍、運送，都是問題。阿爸想的第三步，是把希望寄託在當外役之後，阿爸找了很多朋友、親戚，其中一位是我親生母親哥哥的女婿，也就是前文所述的表姊夫，姓董，他是警備總部福利處的上校處長，但表姊夫的關照雖已盡心，在當年的大環境下只得到所長召見一次並抽了兩根香菸了事。

我的朋友李敖在《千秋評論》第二十三期內有一篇題爲「長程射精和中國文化」，談及台中看守所羈押中的人犯侯貴生，送出精液，讓其女友蘇秀惠懷孕。現代的警備總部軍法處也可以寬大的叫沒留下種來的人犯，到牢外去與妻子會合，以便留種。李敖接著用小一號的字寫道：「我的朋友，台獨要犯陳中統，就是這樣留了種的，當然，這是絕對的特例。聽說軍法處的人拿了好處。」云云。

其實從押房調出來，在醫務室當外役，上從少將處長、軍法局、軍法處、看守所、憲兵連、押房的難友、工廠的、廚房的、收衣處的，每個單位都混得很熟，常常外出「往診」，妻憲子偶爾要進看守所單獨會見也是很尋常的事，生兩三個孩子易如反掌。這內容恐非一直關在獨居房的李敖可以理解的。

第一個男孩子，生於一九七一年六月二十六日。名冠宏，是我看了一本姓名學，自己土法煉鋼取的名字，在他上幼稚園小班那年，老師問他有沒有兄弟姊妹，回來他就問媽媽，爲什麼他沒有兄弟姊妹，於是憲子和我商量，決定再生一個孩子。

因此，鄭所長問我有沒有孩子，憲子已懷孕五個月。我不知道鄭所長這樣問目的何在，他是新來的所長，是不是新官上任三把火，看不慣我獄外生子，拿我「開刀」還押牢房，不調服外役？那可對我損失不小，所以我的回答是要他猜猜看。聽到我的回答，鄭所長笑笑說：

「阿統！放心啦！我不會在意，只要上面沒問題，我不會干涉。可不要生太多啊！」

「所長！放心！生太多，我也養不起啊！」我也打哈哈了。

有了冠宏，阿爸心裡大樂。他老人家對唯一的內孫，可說寵愛得不得了。憲子為了教育冠宏，往往在觀點、見解上與阿爸有所扞格，有一陣子憲子搬離中和的住所，遷居到羅斯福路一段。如此一來，阿爸不能在行醫之餘，回到家中看到孫子冠宏，心中極為不悅。到看守所來時，對我言及此事，我只有說好說歹，要阿爸不要介意，表示這是上下兩代之間的代溝。

憲子未再懷孕之前，曾有到美國再行讀書深造的構想，經我的反對，主要原因，冠宏已讀幼稚園，爸爸不在身邊，若媽媽遠去美國，豈不是對冠宏的心理一大傷害，給岳母大人帶，固然不錯，一般來講，祖父母帶孫兒女總是溺愛多、寵愛深，使孩子成長間不易接受父母較嚴的管教，動不動就往祖父母、或是外祖父母那邊跑，有了祖父母、外祖父母的保護傘，身為父母的可能管不住自己的兒女了。經我的勸說，憲子才未有前往美國繼續深造的打算。留下憲子，阿爸當然高興，冠宏也可不遠離媽媽。

一九七六年四月十三日

憲子在台大婦產科生下女兒，我非常高興，有子有女，人生夫復何求。一名被戴上「台獨」罪名的「人犯」，能在獄中生兒添女，怎能不感慨國民黨政權的「大恩大德」，想到那些被拉出去槍斃的難友，我何其有幸。他們在台灣無親無戚，死後屍骨無人埋葬，甚至連一杯黃土都沒有，我能在「重罪」之下，享有天倫之樂，是不幸中的大幸。

我爲女兒取名爲冠宇，本來兒女的名字，照理應由阿爸爲孫兒、孫女取名，但是，阿爸尊重我的意見，並未過問，對他老人家來講，是一種開明思想的表現。他雖然接受日據時代的教育，可是沒有日本人那種父權重於一切的思考。對我們兒女的教育，盡其所能供應爲人父應盡責任。不論他所受的痛苦，全部放在自己心中，在我的記憶中，前面已敘述過除了我偷偷去游泳，曾被他嚴厲責罰一次，從沒有惡言相加了。等到我從高雄醫學院畢業，談到醫學問題，父子兩人如同朋友一般的研究討論。因而，我爲兒子取名冠宏、女兒取名冠宇，他都認爲名字取得好！

這幾天中，我都藉由往診，到台大婦產科三〇四病房，去看望憲子和冠宇，看到憲子身體健康，小女兒來到人世才三四天，紅嘟嘟的小臉蛋，煞是可愛。冠宏有了妹妹也是高興，可以在幼稚園告訴老師說：「我有了妹妹。」

憲子生了女兒冠宇的喜事，我並不想看守所內的人都知道，惟看守所只有這麼大一個「圈子」，自然一傳十、十傳百，誰都知道陳中統又有一個女兒。某些人心裡面吃不到葡萄說葡萄酸，認為我依仗「特權」，享受到其他囚犯享受不到的權利。士官長馬繼昌便在二十四號，偷偷的對我說：「阿統！你生了女兒，有人看不慣，說你太囂張了，以後可要注意。」

「士官長！我那兒囂張了？您知道的，我平時做人不是不得人緣的人。」

「我知道！如果你人緣不好！那能在醫務室這麼多年？」馬繼昌笑著說。

馬繼昌說的不錯，很多調服外役的「犯人」，都因脾氣不好，常常因為一些不如意的事，鬧情緒，與戒護的士官長或是班長吵架、鬥嘴，經過報告，所長、副所長、輔導長，當然維護戒護官員，將調服外役的犯人，重新押返囚房。我呢？這幾年深知其中訣竅，從來不與所方的官兵發生任何衝突，連語言上的不愉快也儘量避免，才使自己服外役時，身心愉快。而且從上到下和他們建立友誼關係，私下如同朋友一般，一起喝酒、一同抽菸、閒聊家常。

坐了幾年牢，使我深切了解到人生在世，一切都要隨緣；該有的能守住，不該有的不可以強求。當我在七年前被逮捕時，以為所有的都將毀滅，生命中不會再有希望、再有創造更大幸福的機會。可是，危機卻是轉機，我沒有想到，被判了十五年有期徒刑，會在蔣介石去世時，減去了三分之一。調服外役時，憲子為我生下兒子和女兒，不為了自己，為了繼承的生命——兒女，我也得鼓著勇氣活下去，為冠宏、冠宇締造美麗的未來。

再想到阿爸的一生，娶了三名妻子，生下了三個兒子、六個女兒，除了大弟中和夭折，其餘八名兒女，無一不是他含辛茹苦撫養成人。一般人或許認為阿爸是一名風流醫師，否則怎會前後娶了三位妻子。殊不知阿爸並不是妻子在世時，另外娶「細姨」，而是在結髮妻子過世，為了幼小的子女續弦，不幸二媽又早逝，再次續弦娶了三媽。換句話說，阿爸不是無情的人，正因為他對兒女有情，為了不使兒女在不健康的「單親家庭」中成長，才不得不娶。同時，使他自己的醫務工作，不會因有後顧之憂受到阻擾。對二媽、三媽也要求對待前妻生下的孩子如同親生子女，對我來說，二媽、三媽對我、姊姊、妹妹，平心而言，從來沒感受到有所偏心，也不會惡言相加，更不會責打。

生兒育女是人性使然，我能在極端惡劣的牢獄生活環境中重燃生命之火，兒女的來到世界，應該是最大的動力。古人說得好：「養兒方知父母恩」，等到自己做了父母，才曉得做父母的艱辛，我在這樣的環境，忝爲人父，有份喜悅、也有份慚愧內疚。等到冠宏、冠宇長大成人，接受了完整的教育，他們會深深知道老爸年輕時「坐牢」不是刑事犯罪，不是做了見不得人的醜事、惡行……而是在個人獨立思考的能力，「違反」擁有權力者的專制和獨裁，如此方向去探索，老爸爸的「坐牢」，反映了這個時代的悲哀，這個時代存在的錯誤。

二〇〇〇年八月二十一日　台北縣中和市

一眨眼的時間，二十多年過去了，我一兒一女冠宏、冠宇，都已長大成人。猶記得我服刑期滿釋放出獄時，所幸我的醫師執照並未被吊銷；由警備總長輔導在長庚醫院內科服務一段日子。

一九八三年，因大妹瑞麗及妹婿張子清（是我高中時代同班同學，畢業於台大醫學院），已移民美國。我爲了冠宏、冠宇的教育，加上十年不明不白的牢獄之災，懷著深刻的鄉愁，離開我摯愛的福爾摩沙。冠宏、冠宇在美國自由教育，毫無升學聯考壓力下求學。冠宏如今已畢業於加州聖地牙哥醫學院，在田納西大學醫院擔任耳鼻喉科醫師。冠宇在史坦福大學畢業後，現在醫學院念書，不久也將畢業，成爲醫生大家庭中的一員。

抒寫到這裡，我不得不感謝當年服外役的期間，周濟良處長、張玉芳處長、劉衡慶副局長、康景文所長以及去世二十年的徐元麟所長、鄭庭壽所長、和所內班長們給我不少的照顧。對獄外生子的事情，給予人道的關懷，不予「追究」，使我獲得應有子女的人權。直到如今，他們與我之間濃厚的友情，彼此肝膽相照，毫無心機的坦誠交往。使我在極度困難、情緒低落的環境，看到人性的光輝。

第十八章　小貓阿里

一九七六年四月二十日　警總景美看守所

胡成偉監獄官是位幹部訓練班出身的年輕軍官，憲科，但為人忠厚老實。有一天他問我他家母貓生了三隻小貓怎麼辦？於是我在押區的小醫務室裡，簡陋的設置了「貓窩」，將三隻小貓咪關在裡面。因為這間「醫務室」很少用，已變成了倉庫，堆置了廢棄醫療器械。另外，我用臉盆鋪上細沙，訓練小貓咪在上面屙屎撒尿。又買了一罐奶粉，每天沖泡餵食。貓咪的味覺不食甜的食物，泡奶粉無須放糖，我便成為三隻小貓的「奶爸」。

胡監獄官送來三隻小貓咪，不啻對我是一項人與小動物接近的特殊機會，使我體會到小動物成長和人類嬰兒的成長有其相似之處。同時，我在醫務室服外役，並不如一般診所那般忙碌，雖然我在翻譯阿爸給我的日文原著《家庭醫學》，而更多的時間，是孤獨與寂寞。除了與相處多年的外役難友、或是班長們閒話家常、一起抽菸、喝酒之外，內心依然有著無奈。有了三隻小貓，倒也能讓我打發時間。

三隻小貓，其中兩隻長的比較瘦，花色也是常見的灰白參差，沒有什麼特異之處。只有一隻比較健壯，皮毛的色彩，如老虎金黃燦爛、夾雜著斑紋。每當我餵食牛奶之時，牠首當其衝的伸出小爪子，阻擋另外兩隻「小弟弟」，儼然以「老大」姿態，非要由牠先行伸出小舌頭吸吮，並且瞪大著放射銳利光芒的眼睛，瞪著兩個「小弟弟」不准搶食，待先行吸吮飽了，伸伸四肢、弓起小脊梁，趴臥一旁，兩個「小弟弟」才可吸吮奶乳。如果有搶食情狀，兩個「小弟弟」都不是牠對手。我靜靜觀察，首先為這隻小老虎般小貓，取了一個名字叫「阿里」。牠眞有靈性，阿里！阿里的喊牠、叫牠，牠如同小狗一樣，知道這是牠的「專用姓名」，每當我喊「阿里」時，其他兩隻小貓，不會有任何反應，阿里卻會咪、咪的回應。

沒有多久日子，兩位班長，看我養了三隻小貓咪，向我說：「阿統！你養了三隻貓，不怕他人說閒話？這樣吧！我們一人帶走一隻，你養一隻就夠了。」

「好啊！我一人養三隻，也忙不過來。除了『阿里』，另外兩隻，請二位帶走。」

「阿統！你倒是有眼光，那頭小老虎，倒是人見人愛。另外兩隻也滿可愛。」

兩隻小貓咪被兩位班長「領養」，我可「專心」撫養阿里。這隻小貓咪倒是「自得其樂」，並未因失去兩隻「兄弟」有「寂寞」「孤單」之情，反而與我有了人貓之間單獨相處的感情。以往，我只認爲狗比貓有靈性，容易訓練，使狗「人性化」，沒想到餵養阿里的過程，體會到貓的靈性及「人性化」不差於狗，甚至比狗更靈巧，善解人意。阿里不似狗那般以吠、吼、叫來討主人的歡喜，牠輕巧的腳步，低低的「喵嗚、喵嗚」吟唱，如一把低音提琴。我雖不懂牠「吟唱」的意義，卻明白牠是向我「撒嬌」。阿里懂得我的語言，在閒暇的時候，我訓練牠，我要牠伸出前肢，和我握手，最初，牠似乎不易做到，一而再，再而三，一面講，一面以手扶持牠的前肢，伸出前面的右肢，與我的手相握。我鼓勵說：

「阿里！不錯！」即刻泡奶讓牠吸吮，作爲獎賞。

阿里已經兩個月大，不再吸吮牛奶，餵食魚拌飯，牠長的壯實，貓愛吃魚是與生俱來，有時憲子來所探望我，順便帶來幾條魚，我將魚放在盤子中，吃飯時，我拍拍桌子，阿里一躍而上，便伸出前肢，對著盤中的魚要咬下，我稍帶怒氣的說：

「阿里！不可以。」我講完，同時輕打牠的耳朵，阿里趕忙縮下前肢，乖乖的坐在桌上，瞪著放射「綠光」的瞳孔，向我「喵嗚、喵嗚」的叫了兩聲！好像向我乞憐，我搖搖頭表示不可以，阿里眼睛瞪著魚，伸出前肢，低下頭意欲向魚下口，我趕忙說：

「阿里！不可以。」阿里不敢動口，「喵嗚、喵嗚」的叫了兩聲。隔了一會兒，我說：「阿里！可以吃了！」聽我這麼說，阿里即快速以前肢緊緊押著盤子，張開嘴狼吞虎嚥的大快朵頤，一條魚不到兩分鐘便吞到阿里的五臟廟了。

阿里五個月大時，已是發育健全的雄貓，惟恐牠「拈花惹草」在監所不易管理，我決定將阿里閹去牠的睪丸，使他變成「太監貓」。自己動手為阿里開刀，可是，我對閹動物倒是第一次，準備動手那天，廣東籍的伙伕班長對宰狗貓很有一手，廚房裡平時就養了幾隻小黑狗，每到冬天，那些肥肥壯壯的黑狗，成為大夥打牙祭的菜餚，我曾看到伙夫班長宰狗，先將黑狗吊在橫桿上，以大棒子將黑狗當頭一棒打昏，以一鍋燒沸熱水迎頭向黑狗全身倒下去，隨即將牠全身的皮乾淨利落的剝下來。兩三個人剖膛挖肚，整隻狗赤條條的成為好料，一大鍋的狗肉，加上配料、配酒、或紅燒、或清燉，便是冬令進補的好料理。

我為阿里動手術，既無麻醉，只有讓阿里忍受疼痛，可是如何使阿里的嘴巴不叫、不喊，四肢不亂動，卻無經驗。倒是伙夫班長提供了經驗，他說：

「阿統！你要閹這隻貓，必須以筷子夾住牠的嘴巴，割卵蛋的時候，要面向醫務室，這隻閹貓才會向醫務室跑，到牠習慣住的地方躺下，你再爲牠塗上消炎藥膏，沒兩天牠就活蹦亂跳又是一頭『老虎貓』了。」伙夫班長說來頭頭是道。

我依照伙夫班長的話，在一個晴朗日子的午後，將阿里抱到距離醫務室二十公尺的空地，以筷子和布條橫塞住阿里的嘴巴，使牠不得喊叫，將牠前肢平放，請一位難友幫忙抓牢，後肢抬起已消毒過的手術刀，在阿里的卵蛋上割下，擠出睪丸，而後爲牠塗上消炎藥膏，包上紗布，拍拍牠的屁股，牠早已將橫在嘴中的筷子甩掉「喵嗚、喵嗚」的直向醫務室奔去，一切果如像伙夫班長所說。我跟著到阿里居住的「醫務室內的藥房」，看到牠瑟縮地躲在自己的「床」上，蜷伏著，依舊在呻吟。

阿里被閹了以後，體格越來越壯實，如同一頭小老虎。在外役睡房，不時有老鼠出現，貓咪眞是牠的天敵，無須人予以教育，阿里捕抓老鼠，可說是從無失手。妙的是牠捕捉的老鼠，從來不見暴露鼠屍。牢房的外役都感到原先猖獗的鼠患，無形中減少。原先對我享受「特權」豢養阿里，背後不無怨言，由於阿里能盡責捉鼠，大家亦就不說閒話。

阿里和我相處日久，知道我是牠的主人。大部分時間，只要我沒事，都跟隨在我後面，亦步亦趨。每當我坐在椅子上，只要輕拍左大腿，牠都會一躍而上，「喵！喵」兩聲，躍上我的左大腿蜷伏休息，還以舌頭舔舔我的手背表示親熱，有時甚至就在我大腿上閉上眼睛休息了。阿里很愛乾淨，不時的由舌頭舔牠的全身，據說這是貓咪的洗澡方式，牠從不隨便地撒尿屙屎，總是按時到那一盆淨沙之地「方便」，更用牠的利爪撥沙蓋好，每隔幾天，我將沙倒掉，另換一盆淨沙。

說來令我訝異，時間久了，到了夜晚，我將阿里放置在籠子裡，只在牠小小天地，鋪上厚厚紙板，加上一片毛毯，便是牠的臥床。每天到了清晨，如果我貪睡，沒有即時起床，阿里如同鬧鐘一樣，輕步走近房內，在我枕旁，「喵嗚！喵嗚！」的輕叫兩聲，示意我是起床的時間到了。

如此幾年，阿里成爲我在看守所最後幾年最有「默契」的「朋友」。很多人都認爲貓比狗「勢利」，不像狗那樣忠實可靠，從我與阿里之間，體驗到貓的靈性不輸於狗，甚至比狗更有說不出來的溫柔。我與阿里相處了將近四年，直到一九七九年二月，我刑期屆滿，獲釋走出看守所，我決定將阿里留在看守所，「移交」給我的好友林文章醫師，請他代爲照顧，林文章勉爲其難的答應了，我才依依不捨和阿里相握告別。

我獲得了自由，阿里仍在看守所，難免有所不捨。我明白林文章並不喜愛貓、狗，他不會長時間照顧阿里，果然，不到一星期，林文章撥了通電話給我：

「博士（他習慣這樣叫我）！你那寶貝阿里，還要不要？如果不要，我要將牠放逐了。」

我趕緊對他說：

「文章！千萬別放逐，這兩天我就到看守所將阿里帶回家。」林文章又說：

「博士！快點來，將阿里帶走。」

其實，我已應警備總司令部的安排，導輔到長庚醫院林口分院，每天依時上下班。利用星期假日，到景美看守所將阿里用布袋裝載，帶回中和寓所。阿里一看到我，如同遇到久別重逢的「奶爸」一樣，喵喵的貼身而來。我抓住牠的上頸部往布袋輕輕一放，搭車返回中和。因爲貓和狗一樣，認識自己原先的住所，若不裝在袋子裡，遷居到新住所，不加緊「管束」，牠還會跑到原住地來。因此必須用袋子裝阿里，使牠看不見沿路的景象。到了中和寓所，又以籠子放置阿里。我沒時間餵養，便由憲子擔負起這個責任。憲子要帶冠宏又要照顧女兒冠宇，霎時間，不但兩個孩子的媽媽，又添了一隻小貓咪。將阿里關在籠子餵養了一星期，以爲牠已熟習環境，便將牠放出來。沒想到阿里在我們不注意的時間偷偷的「翹家」。東找西尋，都沒有著落，心中不由的悵然落失，以爲阿里從今以後，成爲街頭上的流浪貓了。一星期過去，阿里卻不聲不響喵喵的又回到家裡來。我和憲子、還有阿爸，打心裡感到喜悅，冠宏更是喜歡不已。從此，阿里成爲家中不可缺少的「一口」。

後來，我一度移民美國，家裡的三媽、以及妹妹們，仍舊對阿里呵護備至，沒有使牠亂跑。我在一九八八年返回台灣，阿里已是高齡老貓咪了，牠的「身手」依然矯健，步履躍跳如「飛」，有天，牠跑到我身邊喵喵的叫了幾聲，在前面「領路」，我隨著牠走去，原來在二樓一個角落，整齊的排列著六隻無頭的死老鼠，無疑阿里是向我表示牠捉老鼠的功勞，致於老鼠的頭爲什麼沒有了？始終不得其解，是阿里只吃老鼠的頭呢？還是阿里將老鼠頭丟棄其他什麼地方，就無從「查考」。但，絕對沒有丟在家中，否則家中就會有難聞的異味了。

阿里在第十七年時，已是老態龍鐘，舉步維艱，貓的生命，一年相當人類的七歲，換句話說，阿里十七年已是一百一十九歲的貓齡，依照貓的生命周期，能活到十七年是很少見到的，通常活個十年左右也就可以了。阿里在最後一年，如同百齡老人一樣，大部分時間都是躺臥在一角，不論吃、食、拉、撒，都要拜託護士阿珠的協助。我也叫阿珠將阿里送到獸醫那兒去治療，所得到的診斷，阿里的身體沒有病痛，全然是器官老化所致，彷佛一個百齡老人。阿里已不復再有老虎一樣矯健的跳躍能力，甚至連喵！喵的親暱的叫聲也無力使出。

某天早晨，阿里在牠睡眠的地方一覺不醒，可說無疾而終。對阿里的死亡，心中不由的有著難以割捨的悵惘。貓與我之間連繫十七年的感情，牠懂得我的語言，懂得我行爲中的喜悅和斥責，牠卻以百依百順回報給予牠的撫養。

二〇〇〇年八月二十日　台北縣中和市

我追憶這一段，主要在思索到人與貓之間，尙存有靈犀一點通，可是人與人之間卻不時地發生不必要的衝突。再想到人與人之間，往往因爲一絲一毫的利害關係，親人反目成仇，朋友割袍斷義，更甚者爲了權力鬥爭，置對方於萬劫不復之地，豈不是連那小貓也不如了嗎？直到如今，阿里已經死去多年，想到牠的模樣，依然從心底有份悵然若失的感覺。

第十九章　李宗藩是「反間」？

一九七八年九月十七日　警總景美看守所

今天是中秋節，是我入獄後的第十個中秋節所裡的輔導長李榮傑準備了羽毛球比賽、電影欣賞、會餐等節目。算算日子，刑期已到了數饅頭即將屆滿；越是接近自由，越感覺到時間如同蝸牛一般爬行，此是任何人都有的心理狀態吧？尤其遇到節日，內心的感受越是濃厚。雖然我大部分的刑期都在服外役，有了一部分的「自由」。可是，每當想到十年歲月給我身體和精神損失無從估計，日後對我在所學專長運用方面，具有難以評估的傷害。如果沒有這十年的災難，我在專業上的成就，豈能不更有精進。

從我失去自由的那天，內心就搞不清楚，爲什麼警總會找上一個名不經傳的留學生。以我在日本留學生活情形來講，除了在岡山專攻自己所學之外，能夠接觸到的自然是來自台灣的同學。縱使認識一些熱衷台灣政治的留學生，彼此之間所言所談不過流於紙上談兵。何況熱衷關心台灣政治的台灣僑民及留學生，大部分都集中在東京，而我很少到東京去，與他們難得見一次面。雖然經由友人介紹，認識了所謂「台灣青年獨立聯盟」的人士，如擔任委員長的辜寬敏、負責組織的侯榮邦等人，但並未實質上成爲積極的活動分子，返回台灣更不可能號召同學、朋友參與。因此，才坦蕩蕩的回來，心頭無絲毫防範。而同學陳永善（陳映眞）在一九六八年被逮捕，他和我另一同學吳耀忠是另一個案子，和我的思維風馬牛不相及。

左思右想，即使我是「獨盟」一分子，可說是微不足道的「小不點」。警總保安處從何處得到「訊息」，虎視眈眈視我如同萬惡不赦意欲顚覆政府的惡徒？其中必然有國民黨政府的職業學生，在日本監視每個來自台灣留學生的一言一行？但，當時的留學生——尤其是學醫的，大部分都是本省籍的青年。同時，我認爲不論留學任何國家，國民黨政府派出的職業學生，率多是外省籍青年。從未想到會有本省籍留學生心甘情願做職業學生，來打小報告，賺取獎金。

但是，當我在判刑確定，安心坐牢，調服外役，內心靜下來，思前想後，感覺到事有蹊蹺，出賣自己的極可能是身旁最好的同學、更可能是最好的朋友、或是最好的兄弟。再深入的想一想，介紹我認識「獨盟」的是義結金蘭的拜把二哥李宗藩，他最清楚我「入盟」的來龍去脈，推薦我認識「獨盟組織部長侯榮邦」的也是李宗藩，證之後來發現的事實，使我不得不懷疑我能名列警總保安處黑名單，不得不懷疑李宗藩是從我背後桶我一刀的「兇手」，李宗藩，是台南玉井鄉人，台南高農畢業，考進台大農學院森林系，以台灣省農會獎學金留學日本，一九八〇年前後曾經擔任日本 FAPA 會長一職（台灣公共事務會）。

話說從頭，一九五七年我從成功中學高中畢業，大學聯考考進台大農學院，擠進大學之門，可說是闔家高興的事。在台大農學系就讀一年，成爲台大新鮮人，十八、九歲的我，自有著岸然的「傲氣」，畢竟那個時代，大學之門是一道窄門，尤其能作爲「台大人」更是無形中「身價百倍」，讀完第一年的暑假，農學院各系學生，到屏東縣做三個月的農場實習，親身體驗農耕作業的樂趣，品嘗日出而作、日落而息的農家生活。大夥兒結伴一塊，在生活上享受到農家之樂。我們都來自不同的科系，我與花致芳（農經系）、李宗藩（森林系）、何照義（農經系）、陳光哲（農經系）、林紀賢（植病系）五位同學（何、林兩位是成功高中同學），相談極爲投契。所爲「酒逢知己千杯少，話不投機半句多」，我們六個人，在學校雖不同系，可能極少打個照面，而在暑期實習中，竟然「組合」在一起，彼此「心心相印」、志同道合。當時，不知是誰提議，我們六個人既然如此投緣，何不結爲兄弟？六人毫無異議，拍手歡呼，雖然沒有滴血合飲的儀式，依年齡排序：大哥花致芳、二哥李宗藩、我排老三、四弟何照義、五弟陳光哲、老么林紀賢。

暑假後，我轉學高雄醫學院。雖不與五位兄弟同在台大，仍然時時聯繫，每逢假期回到台北，總與他們歡聚一堂，說一說、講一講彼此的情形。四年大學畢業後，兄弟們在鳳山陸軍步兵學校受訓，星期例假也常到高雄醫學院找我。

我到日本岡山念研究所，李宗藩已在我之前，留學日本於東京大學，老么林紀賢也在日本。林紀賢的姊姊林純純在美國，認識了陳唐山，結爲夫婦。因而陳唐山是林紀賢的姊夫，陳唐山在美國從事台灣獨立運動，名列國民黨政府黑名單，不准返台。林紀賢極可能姻親關係，亦列名黑名單中。不論怎樣，我們三人是異姓結拜兄弟，不期而在異國相遇，備感親切。林紀賢留日期間，在東京舉行婚禮，我身爲三哥，再遠也要參加婚禮。在宴會上，李宗藩向我提起台灣留日學生，以及部分僑民，都是台灣青年獨立聯盟的成員。辜寬敏擔任委員長、侯榮邦擔任組織部長。該聯盟主要目的，是尋求台灣獨立建國，擺脫國民黨政權統治，使台灣人民不再受暴政控制。李宗藩認爲來自台灣的知識青年，義不容辭應踴躍參加聯盟的活動，作爲台灣人民的先鋒。李宗藩淘淘不絕的向我鼓其三寸不爛之舌，使我油然嚮往，最後李宗藩對我說：

「阿統！如果有興趣，待老么過了蜜月，我帶你們兩人認識侯先生，在約定時間和辜老見見面。」我不便推卻，向李宗藩說：

「一切二哥做主」。其實，在我內心不得不懷疑，在國民黨黨、政、軍、特嚴密控制，統治之下，從事台灣獨立運動事件幾乎不可能的事，何況阿爸曾親身體驗二二八事件，對政治深感厭惡，而且發生二二八事件，我已十歲，對當時風雲變色、本省人殺外省人、外省士兵槍斃本省人的場景，還有一些記憶。全心全意只記得阿爸對我的期盼，希望我做一名好醫師，不要搞什麼政治。因爲政治最無情、最可怕。不過，面對自己經歷的生活眞實體驗，對台灣人民的無奈，體會良深，便抱著好奇心應允李宗藩的說詞，既未答應參加聯盟、也未推辭不參加聯盟。李宗藩以爲我首肯參加，熱心地與侯榮邦約定時間，介紹我、林紀賢和他相晤。

並帶領我們去拜會辜寬敏，他的標幟是一頭的白髮，比我和紀賢年長。我和紀賢以尊崇的心情看待他，辜寬敏毫無架子的和我們握手，在一間豪華的希爾頓套房內，辜寬敏暢談他的台獨理念，強調國民黨政權的腐敗，認爲作爲台灣的知識青年，應有反抗極權統治的決心。順便提到日本雖是君主立憲國家，卻建立法治觀念。

第二次世界大戰後短短一、二十年建立極爲美好的民主憲政，並且強調日本殖民台灣時代，對台灣的建樹，確立了台灣人民的法治觀念。我與紀賢洗耳恭聽，完全是聽的多、說的少。在某些地方，至少我的內心對辜寬敏的高談闊論，並不全部贊同；第一次見面，不便與之爭論。談論的最後，辜寬敏既未要我們加入「聯盟」，亦未要我們繼續和侯榮邦聯絡，告別之時，我與紀賢卻在房門的下面，看到一張顯然是留給我和紀賢的一張紙條。大意是囑咐我們兩人要注意，以防隔牆有耳，爲國民黨政權的職業學生所乘，向台灣當局打了小報告……云云。我和紀賢看了這張留言，兩人走出辜寬敏的房間，討論一下，認定可能是二哥李宗藩的好意，心中還感謝不已，顯示李宗藩雖是介紹我們認識侯榮邦、辜寬敏的介紹人，卻也關心到我們日後返台回台灣的安全問題，足見他思維細密。之後，我在岡山大學醫學院臨床和研究工作繁忙，很少到東京，對參加「聯盟」一事，也從未積極進行。沒想到因爲阿爸「病危」，在舅舅電報催告之下，匆匆返台，沒想到成爲警總階下囚……。

二〇〇〇年八月三十日　中和市

誰打了我的「小報告」，將我在日本留學期間與「聯盟」唯一一次的接觸的事「上報」警總保安處？除了李宗藩是「介紹人」，與我和林紀賢見面的只有三個人，是李宗藩之外的侯榮邦、辜寬敏。最初，我沒有懷疑到他們三人之中的任何一個人，可是經過腦海細密的「分析」，不得不懷疑到自己最可靠的結拜二哥李宗藩了。我被逮捕，仍在日本的林紀賢知道了，惟恐步我後塵，自然不敢冒險回台灣，直到戒嚴解除，才回到台灣。其時，我已是自由身，紀賢與我見面，兩人談及我十年不明不白牢獄之災，探索誰是臥底的反間，紀賢說：

「三哥！據我所知，馬來仔李在你關押的期間，曾經返台達八次之多，不知他有沒有來探監？」

「從來沒有。」我不禁打了一個寒顫，李宗藩既然回來，我被逮捕親友之中是人人曉得的事，李宗藩既然返回避而不見。我再進一步思索，李宗藩在日本是「聯盟」活躍分子，回到台灣安然無事，個中原因，值得推敲。警總只抓我這名鮗拉魚，卻放著大尾的李宗藩不聞不問，難道李宗藩是反間？是出賣自己結拜兄弟的無情「殺手」？除了李宗藩誰有可能？

恢復自由之身，我在第三年（一九八三年）即攜帶妻子移民美國，在美國李宗藩才來看我，我不客氣地逼問他：

「馬來仔！我十年的牢獄之災是不是你恩賜的？」

「阿統！你這樣問，不夠意思。我李宗藩是出賣自己兄弟的人嗎？」他沉著臉色的說。

「我不得不懷疑，你是大角色，我是無名分的小角色。在台灣我被關押，你卻安然無事？原因何在？」我直話直說。

「阿統！我們相識數十年，情同兄弟，我是這樣的人嗎？」他按耐不住氣惱的說。

「事情已過去，我只想知道原因？」

「我怎麼知道……」如此，這是我與李宗藩最後一次見面，可說是不歡而散……。（當時我兄弟林紀賢的姊夫陳唐山也曾從華盛頓打電話問我李宗藩的底細）後來李宗藩回到台灣經民進黨提名，參加台南縣長競選，高票落選。之後又參加國大選舉，終於圓了他政治之夢，但在台大醫院宣誓就職後，便因肝癌去世。人已走了，可是，直到如今我與紀賢每每談及，總認爲李宗藩是兩面諜，我十年的冤獄，他打的「小報告」，不無嫌疑。

現在台灣社會已相當民主化，辜寬敏回到台灣，更積極的參予所謂獨立建國活動。之前，他在蔣經國後期，似乎已從黑名單除名，「光明正大」回台，裡面有什麼蹊蹺？令人質疑。由此，我聯想到搞政治，確實要有一套高明的技巧和手段，若堅持見解，貫徹到底，結果將是慘不忍睹，重則人頭落地、輕則判個八年、十年，甚至一關三十多年的也大有人在。

有人說猶太人聰明，走遍世界，無論各行各業都有傑出表現。看一看中國人，卻比猶太人更聰明，其中以搞政治更是技高一籌。何妨以抗日戰爭爲例，既有蔣介石、毛澤東分別在重慶、延安的抗日派；也有在南京汪兆銘（汪精衛）的和平政府、還有殷汝耕華北政府、更早的有溥儀的滿洲國。不論二次大戰是聯軍勝或敗、或是日本勝與敗，中國方面總有一方是贏家，立於不敗之地，即使做兒皇帝，也會「造福」中國人民……。

再引申到家族個人，以大世家來說，兄弟姊妹眾多，在政治上都站在有利的地位。以辜顯榮的子女爲例，長子辜振甫在國民黨高層占有一席之地，同父異母弟弟辜寬敏則是台灣獨立運動的首腦之一，假設再有一個兄弟，向中共靠攏，那麼這個家族，永遠不會「跌倒」，永遠是「贏家」。這就是「政治賭博」的技巧和藝術。某些堅持自我意志、自我立場……，縱是人頭落地、永不後悔的熱血政治家，眞正變成了「白白犧牲」的「傻瓜」和「白癡」。自我省思，我何嘗不是後者，成爲某些刁鑽政客利用的「棋子」，莫須有地犧牲了我十年的青壯年華。

第二十章　警總軍法處看守所

二〇〇〇年九月三十日　台北縣中和市

我因被扣上台獨罪名，由當年警總保安處逮捕，經軍法處判處十五年有期徒刑；再因蔣介石的死，「德披眾囚」，減刑三分之一，坐了整整十年牢。在這十年之中，差不多全部時間是在警總景美看守所度過，對這塊囚我十年的「鬼門關」，留下深刻印象。聽天之福，因我專攻醫學，十年時間裡，有九年多時光調服外役，生活上沾得不少自由。也和軍法處、看守所，上至處長、所長、下至戒護的班長、以及伙房裡的班長，建立了人與人之間難忘的友情。

有人視軍法處、看守所的軍官、士官，個個是凶神惡煞，我絕不同意。很多時間，軍法處管理人員，常顯露人性的光輝與燦爛。他們受限於當時的時空，在保安處所所謂調查員、或是更上級的壓力下，不得不依照他們偵查的「自白書」、「筆錄」來判決。眞是「人在江湖，身不由己」。在我調服外役期間，私下與一些軍法官接觸，他們也道出心底眞話，明知是冤、錯、假案，可是在保安處的「證據」「明確」的「指證」下，不得不依法判決。不然，自身的安全難保。因此，很多軍法官有服役年限者，一待服役期滿，趕快辦理退役，不願做「借刀殺人」的「劊子手」。

再說看守所裡的軍官、士官、班長、衛兵……偌大的看守所，有幾百個是上級視爲「罪大惡極」的政治犯，交在他們手裡看管，基於職責，那能不小心翼翼？惟恐一不小心，蹓走了一個、或是其中有人自殺、或是有人互打互毆，他們都得承擔有關的責任。對政治犯，他們非常客氣，知道政治犯文化水平高，不會惹事生非、無理取鬧；對判了死刑的政治犯，他們更是嚴密戒護，好言撫慰，惟恐他們在未執行之前自裁，那他們責任可大了。申誡、記過……倒是小事，說不定自己也會成爲階下囚，去吃牢飯。

數百人之中，也有軍隊中的刑事犯；後來也混雜的關到景美看守所。這些罪行確實的犯罪人，可說是「臥虎藏龍」、「蛇鼠雜混」……形形色色，林林總總，是管理人員最頭痛的一群，每天鬥嘴、吵鬧、打架……都發生在他們身上，因此，對他們管理比較嚴格，這不得不然，否則看守所變成他們鬧事天堂，責任難負。

我在景美看守所服役九年多，過的日子倒也「安然」，生性樂觀的我，最初被判了十五年，我即以五年為一「段落」，如此日子就過的快，若是抱著過一天數一個饅頭過日子，那十五年豈不是一天比一天難熬。因此，十五年分三個「段落」，日子自然不難過。大學畢業到軍中服預備軍官役，我也是如此。所以在景美看守所將近十年，對我來講，並不是許多「鬼由心生」主觀成見那般人所見的是「鬼門關」。瞭解到他們的難處，自然感覺到軍法官、所長、戒護人員的「心中」之難了。

離開那裡二十多年後的今天，對裡面的硬體設備及其種種，還留存著一些記憶，就思維裡的印象，做一個概略的描述。景美看守所大概是在一九六九年啓用，之前，警備總部軍法處看守所，是保安處抓來的未定犯查案的所在。警總抓來的人犯越來越多，博愛路臨時看守所當然容納不下，青島東路看守所在市區之中，人來人往看起來顯眼，地區受限，因此向郊區發展。便在秀朗橋下建築了景美看守所，緊鄰看守所便是軍法處，如此提押、審問就方便了。

景美看守所與一般司法看守所，形式上沒有什麼不同。幾棟大樓分爲幾個區域，看守所員工辦公室設在正面的一排，辦公區包括了所長等等官員的辦公室。再有的是警衛室、律師接見室、醫務室、人犯接見室。

押房是二層樓，分爲兩區。習慣性的第一區設在左側，從第一房到十四房是關押女犯人。樓下的空地隔成兩個放風的場地。每一個押房，有的獨人房，有的是三人或四人，甚至有六人、八人的「大眾房」。第二區在二樓，皆是大押房，一律鋪木板，「囚徒」少的時候，關押六人到八人，如果「客滿」，甚至有十人到十二人之多。

囚房內有簡單的洗臉枱一間廁所「洗手間」，當然沒有木板間隔，因此，吃、喝、拉、睡，一目瞭然，五味雜陳。犯人隨身的物品，便置放其上。

每間囚房外是走廊，有一道鐵門緊緊上鎖，門有小洞，巡視的衛兵，可透過這道小門，看到裡面犯人的動靜。裡面高高水泥牆，開了一道小小窗口，以鐵柵欄鎖住，利用柵欄間隙，室外的光線微弱的照射過來。

凡是關押在看守所中的「犯人」，大多數有名有姓、有頭有臉、名聲較大的政治犯，都可以享受到「套房」待遇。例如李敖、柏楊、謝聰敏、魏廷朝、以及後來的王幸男……都受到優待。在「套房」有「套房」的好處，一人獨處可以讀書、冥想、甚至握筆疾書，不受同房難友七嘴八舌的干擾。戒護的士官、班長等等對他們都待之以「禮」。尤其刑期確定，既未判死刑，他們都知道這些具有知識的讀書人，不會自裁。也不會與他們刁難，彼此「相敬如賓」，皆大歡喜。

「大眾房」則不然了，尤其移監過來的軍中人犯，可是一群「凶神惡煞」，戒護人員自然以其人之道還治其人之身。可惡的是軍中刑事犯，都與一般看守所裡的「陋規」一樣，「老犯人」可能欺侮「新犯人」。受到欺侮的，不敢向戒護人員報告。看守所只要不出大紕漏，看管人員與犯人彼此間都可「和睦」相處。

我在景美看守所調服外役有九年多，身歷其境，深知「識實務者爲俊傑」，並不是我「滑頭」，也不是我處世圓融，深知到了這個地步，只有隨遇而安，與軍法處、看守所裡有職務在身的人鬧情緒，都是搞錯了對象。加罪予我的是保安處中的那些人；他們爲了「業績」、爲了「獎金」，昧著良心予人莫須有罪名，用以升官發財，只是國民黨政權的鷹犬，深究起來，也是寄生在名利中的小魚、小蝦，能不能有好下場，講句迷信話，自有報應。

如今，我離開景美看守所已有二十多年，軍法處、看守所……當年的長官、士官、班長……不少仍與我有連絡，建立了私人間友誼，三不五時的相聚相晤，談及那個時空的事情，他們也深覺那個時代，是一個使人悲嘆、惋惜的時代。他們也了解到有些遭到死刑判決確定執行的冤魂，死得不明不白，可是以他們當年的地位，誰敢直言。因此，某些人士不深究個中最高層的罪惡，將過錯加在他們身上，可說是冤哉枉也的事了。

今天我這樣寫，或許有人認爲我所言因沒受過罪，自然爲他們掩飾了。這樣看我不公平，相信，不少政治犯在關押出來，不會怨恨那些近在眼前看管他們的人；縱是有所怨、有所恨，應推諸到那些高處「寧可錯殺一百，不可放過一人」的最高層級的大官—尤其是特務情治人員。

大多數情治特務，只要有一點風聲，便會捕風捉影，亂抓一通，最好的口號、藉口，便是「國家安全」。如今，民主了，不會半夜抓人，不會沒憑沒證逮人，可是平心而論，在民主的外衣之下，還不是有「國家安全」第一之下，有人被扣上「罪名」。我們相信，國民黨政權培植了不少黑金人物，這群黑金人物，依然遊走在「黑道」、「白道」之中，能不能在民主、法治之下一網打盡，使台灣政治走向清明之路，依然是一條崎嶇坎坷難行的道路吧？

寫到這裡，我默默地祈禱，但願有這一天，台灣沒有任何監獄、看守所，成爲眞正名副其實的福爾摩沙的蓬萊之島，人人怡然自得，無拘無束的生活。

第二十一章 刑滿出獄

一九七八年十一月三十日 警總景美看守所

時間的漏斗，將沙積的光陰，分分秒秒累積走過；一年又將結束。對我而言，過了這一年，到一九七九年二月，便是刑期告終走出牢門的日子，內心自然有份期待和喜悅。人，有時候眞是奇怪的動物，照理刑滿出獄，應該沒有一絲一毫離愁，可是，或許在景美看守所，待了將近十年，對這個看守所當然有離愁的感覺，對相處多年的難友、以及管理部門的所長和其他個人，難免有說不出來的「依依不捨」。

或許我個人是醫師，調服外役期間，和軍法處各組、看守所裡的管理人員，相處日久，產生了私人的情誼，對我刑滿出獄，一致的給予祝賀。在這段日子中，每天都有歡送酒宴。以看守所各單位爲例，所長、副所長、輔導長，無不法外施予人情，邀我同桌共飲，他們從開始對我這名「犯人」，當作「朋友」看待，都稱我「陳醫師」，沒有直呼我的姓名。他們知道我好酒，勸酒之際都要我適可而止，我也不辜負他們的好意，雖偶爾飲酒過量，不會藉酒裝瘋，酒言酒語來個大吵大鬧，喝醉了，倒頭就睡，更不會醉得嘔吐一地，因此所裡的長官，在最後的兩個月的餞行飲酒，沒有表示不可。

因爲在醫務室服外役，所裡洗衣工廠、縫衣工廠、政戰室、福利社、圖書室、錄音室……各單位的管理班長、士官、外役難友，絕大多數都曾因爲罹患傷風、感冒或其他疾病，與我有過接觸。對我的離所獲得自由，無不設酒攤表示慶賀餞行，彼此互相敬酒乾杯，嘻嘻鬧鬧，使看守所充滿歡樂氣氛。

不但看守所內爲我慶賀，到了一九七九年一月、二月，加上農曆春節將來臨，連軍法處先後兩位處長周濟良和張玉芳都表達祝賀，周處長更在我即將出獄之前問我：

「陳醫師！先恭禧你將刑滿出獄，不知道你有什麼要我幫忙的地方。」

「報告處長，謝謝您這幾年的照顧。我出獄後，希望警總能輔導我就業。第二我知道情治單位還會監視我，處長！您知道我是一名醫師，無能無力造反。最後希望警總能放我出國，到日本完成我未完的學業，取得博士學位。因爲我已考上日本醫師的國家考試。」聽了我這番請求，周處長沉思半晌說：

「陳醫師，對你第一項請求，我盡力幫忙，應該可以辦到。其他的不是我能力有所逮之處，只能轉達上級參考。」

周處長育有三名女兒、一名兒子，都是成績優秀的好學生，當她們在北一女高中畢業時，參加大學聯考，塡寫志願，周處長都要我提供意見。最小的兒子，國中畢業，高中聯考考上成功中學，成爲我的小學弟。周處長有名女兒在台南成功大學物理系，發生交通意外事故，不幸喪生，周太太聽到這個不幸消息，當場昏厥倒地，周處長急電找我，趕到周宅進行急救。換句話說，周處長與我之間，建立了私人間的友誼關係。後來，周濟良處長高升，由張玉芳處長接任，張玉芳處長實現周處長對我的承諾，在我出獄半年，在一九七九年八月，經長庚紀念醫院安全室主任的推介，面見了長庚醫院院長吳德朗教授，經過一番談話，在長庚醫院擔任住院醫師。

另外，張玉芳處長引介我去拜訪保安處第五組組長蕭同安，第五組負責政治犯出獄後考核工作。當時，警總保安處是各情治單位的龍頭老大，不論那個情治單位，惟警總保安處馬首是瞻，具有一言九鼎的力量。戒嚴時代，只要觸犯了思想問題，在國外的不能回來，在國內的經判了刑，即不能出去。我雖然未被依照醫師法第五條規定：「凡犯內亂外患罪經判決確定者，取消醫師資格。」而且獲得軍法處警備總司令部的推介，謀得長庚醫院住院醫師職位；但，想要繼續到日本留學，完成博士學位，不能成眞。周處長僅答應我，出獄後三年之內，不參加任何政治活動，即可讓我出國。我本來就不怎麼熱中政治活動，當然一口答應，到了一九八二年年底，出獄已屆三年，我邀約了高中時代的同學林郁夫醫師及其夫人，同遊美西，這次申請觀光旅遊，竟獲得批准，可見周處長是信守承諾的好長官。

二〇〇〇年十月三十日　台北縣中和市

我服滿十年有期徒刑，在長庚醫院做了幾個月住院醫師。出獄之時，阿爸的喜悅、憲子的高興，以及岳父、岳母和姊姊、妹妹、弟弟們的歡欣，自然不是文字所能形容。回到中和家，依照習俗，理髮、沐浴、吃豬腳麵線……過了一天，阿爸攜我和憲子以及子女，回到彰化埔鹽故居祭拜祖先，感恩先祖的庇佑，使我能夠平安歸來。那時年高九十的祖母，臥病在床，阿爸要我爲祖母注射一劑血管針；我因出獄之前，天天與酒爲伴，不但所裡各單位請我喝酒，連軍法處的檢查組、審判組、行政組、覆判庭、隨員室、憲兵連……都請我喝酒送行。因而醉眼迷糊，回到故鄉，阿爸就要試試是否有注射的起碼能耐，誰知拿起針筒，雙手顫抖不已，阿爸、憲子在旁看了直搖頭，我只有請表弟倒一杯雙鹿五加皮給我喝，這一杯酒喝了，雙手才不打顫，不發抖；平平順順為祖母注射。事後，阿爸並沒有責備我，只對我說：

「中統！要戒酒了！為了你將來行醫事業！」又笑著說：「憲子！將中統交給你了，好好管教他。」

「阿爸！放心！我一定戒酒。」我知道自己酒精中毒，如果不戒，將來如何行醫？

我在軍法處因兩位處長協助，未被吊銷醫師執照；一九八五年，警總軍法處行政組長劉衡慶上校某日來電話告訴我，立法委員廖福本於院會中提出質詢，表示斗六肺結核防治所主任余公明，因參加共產黨組織，判刑五年，期滿釋放被宣告取消醫師執照和資格；為什麼另有兩名醫師陳中統、林文章同樣是政治犯，為何判刑期滿，卻可以開業行醫？林文章聽到這個消息，非常緊張，與我商量如何是好。是不是要到斗六，與余公明、廖福本打打交道？我認為我們與余公明不相識，廖福本既是立委，他消息從何而來？我們兩個無名小卒，他目的何在？再說，在我們之前，已有兩名醫師，一是烏日的林金煌、一是後龍的李吉村，也是因台獨案判刑坐牢完畢，還不是依然開業行醫。如果我們找上廖福本，那可上了他的鉤，來個獅子大開口，又會舉出其他例子，豈不使「紅包本」得其所哉？劉衡慶上校對我講，不必理他們，順其自然。

這是我釋放之後，行醫的經過，爲了自己能繼承阿爸診所的醫務工作，我辭去長庚醫院住院醫師職務，專心協助阿爸。經過十年歲月，我已是從三十二歲青年，邁入四十二歲的中年。雖然仍希望回到日本，在戒嚴時期的限制下三年後允許我出國旅遊，已是大恩大德，豈能讓我隨心所欲到日本修完博士學位？再說，縱是允諾，我已是將近五十半百之年。十年牢獄，無形中使我身心受到嚴重創傷。再看看阿爸歷盡十年焦灼的日子，已是七十歲的老人，白髮蒼蒼，面容憔悴，不似十年前那般，騎著單車做鄉村到家治療病患的醫師，惟一能繼承衣缽的只有我。

我在憲子照應下，不再喝酒，也不再吸菸；做一名醫師深切知道菸、酒對身體傷害非常嚴重。勸解病患不吸菸、不喝酒，自己拿著聽筒爲病人診斷，嘴巴卻吸菸，像什麼話？一九七九年時，禁菸在台灣還不受到重視，公共場所、電影院、甚至火車、公車照樣有人吸菸。我因雙手抖顫，知道自己受了菸酒之害，因而下定決心戒酒，做一名能治病患的醫師，也做醫自己不良嗜好的醫師，經過一段時間，我終於戒掉了酒癮，專心努力自學求得醫學上更多新知。阿爸看我能如此，自然高興萬分，放心的將中和診所的醫務交給我獨自承擔了。

二〇〇〇年十一月二十日　台北縣中和市

一九七九年二月我刑滿出獄，整整十年歲月，可說是留下悲切的記憶。只因觀念上的認同與不認同，即被扣上一頂「台獨」的帽子，失去了自由。身心的煎熬不是任何物質代價可以彌補。

尤其當時年已五十八高齡的阿爸、以及新婚不及一月的憲子，爲我付出的關懷，所忍受的煎熬，和我被關押在看守所是同樣感受。阿爸除了我之外，還得照顧其他七名子女，使他們安心讀書，不因我的被關押，影響弟妹們求上進學習的心理。每人都受到大學教育，獲取社會上受到尊重的職業。

阿爸一生因與阿母的戀愛，改變了原先所從事的教育工作，專心攻讀醫學，在日本習醫期間，因阿母急症猝逝，娶了二媽，又繼承了中和鄉的醫務。那時的中和鄉是人口只有二、三萬的小鄉村。田野處處，平房屋瓦散佈在田野鄉道。阿爸從事醫務，著重醫德，很多診所醫師，每天晚間停診後，不再外診，誰也不願半夜三更到病患家進行醫療工作。但是，阿爸認爲病患絕對不會在半夜三更自找麻煩，驚動醫師。因此，阿爸即使夜深人靜，只要有人按門鈴求診，都會披衣起床應診；如果病患無法來，年輕時阿爸會騎了單車到病患家中診療。後來，年歲大了，買了三輪車，雇了一名車伕，載乘阿爸外診。那時中和鄉是小鄉村，大醫院在台北市，交通又不方便。縱是有病家夜半患了急病，送到大醫院急診，住院治療，首先得交一筆保證金，才能取得住院治療。否則只有待在急診病房，無人照顧。這種沒有醫德的醫院、醫師，在四十年前司空見慣。因而，醫師成爲賺大錢的行業。

阿爸認爲這是沒有醫德的行爲，醫術再高明也不値得驕傲。醫師生活，可說是無日無暝。大部分診所在九時門診，上午到十二時停診，如果病患多，一直看診到下午一時也是常有的事。下午一般都是從二時起門診，六時爲止。吃完晚飯，七時又得坐上診療椅，直到十時收攤。每天聽診不離，有時病患多，連小便時間都沒有，更別談站起來活動筋骨。診所不論內科、外科、小兒科、泌尿科……等於是十科全能。因爲到診所來的病患，大部分都是傷風、感冒、或是外傷，因此，診所雖是「小麻雀」，卻得具有「五臟俱全」的本領，才能應付形形色色的病症。

當時中和鄉人口不多，阿爸一人主治，請一名護士小姐，可以支應診療的工作量，等到中和鄉人口日漸增多，行政區域改爲中和、永和兩個市。人口到現在，單以中和市爲例已有四十萬，比基隆市人口還要多。診所不是一名醫師承擔得了。當我出獄時，中和診所醫務工作，已經不是阿爸一人來承擔，那時他已高齡七十，請了一位醫師，我回家後，先在長庚醫院擔任一年的醫師，第二年阿爸要我回到中和診所，也是外聘醫師之一。阿爸為了不自私，其他兩名外聘代診醫師所得的收入是一名病患診療費的三成，我呢？只有兩成。主要原因，阿爸認為十年歲月，讓他膽戰心驚，身心受到無比煎熬，又為了我的牢獄生活，花費了他很多金錢，應該給阿爸補償。

一九八〇年夏季某日，阿爸下肢水腫，呼吸困難。我趕忙將阿爸送往台大醫院，請心臟科連文彬教授親自診斷，連教授經過詳細的檢查，對我表示阿爸的病情不輕，罹患了「原因不明的心肌肥大症」，在當時這是無藥可救的肌肉變性疾病，斷言阿爸的生命僅能維持一年。後來又請國泰醫院院長陳炯明博士檢查治療，所得結論和連文彬教授相同。我內心感嘆萬分，悲傷之情油然而生，不敢告知阿爸，怕他難以承受。盡人事，聽天命。短短幾個月，不是住國泰醫院、便是住台大醫院。我除了在自己診所忙著治療病人，阿爸住院，便去病房探視，若是沒有住院，即到阿爸的臥室，替他按摩。那時阿爸已七十一歲了，在我為他按摩時，他便詢問我日間門診情形。這一段日子，我內心雖然痛苦，但是能與阿爸單獨相處，閒話家常，增添父子間溫情。

同時，每天的午餐、晚餐，都是由我端到阿爸臥房。憲子特地要女傭，調製低鈉食物；當我看到阿爸吃得津津有味，內心特別高興。本來，這些事應該由憲子做，以盡孝道。可惜三媽和憲子之間有心結，十年來，「婆媳」之間不愉快，連帶使阿爸對憲子不諒解。三媽的阻撓，憲子要盡孝道，三媽百般刁難，我雖對三媽不滿，爲了阿爸不受困擾，自己容忍、也勸憲子容忍，使阿爸僅有的有生之年，不再爲家事煩心。

有一陣子，阿爸健康多了，遠在美國的姊夫邱明財、妹婿張子清一同請阿爸去美國散散心，順便在美國治療夙疾。阿爸很有興致前往，並要三媽同往，身邊也有人侍奉。可是三媽說什麼也不願意去美國，阿爸憤怒異常。只有單獨一人到美國，要求憲子購買華航頭等艙，我對阿爸說：

「阿爸！頭等艙機票太貴了。買商務艙就可以了。」

「中統！你怎麼這樣對待我？我辛辛苦苦養你們，坐一次頭等艙有什麼不行？」

我趕忙向阿爸賠不是。他在美國姊夫、妹婿家中一段時間，還是回到中和，認爲還是台灣好！

阿爸的病時好時壞，在美國也曾覓名醫治療，只能治標，不能治本。阿爸已將中和診所醫務工作全盤交給我，一九八一年六月決定二十六日與么弟中平到洛杉磯住段時間，那天恰好是冠宏十歲生日，冠宏是阿爸唯一鍾愛的長孫。憲子提前一天——（六月二十五日）煮了豬腳、麵線、紅蛋，全家人團聚，阿爸非常高興，撫摸冠宏臉頰，笑著說：

「孫子啊！待會兒切蛋糕，你要閉上眼睛許願啊！要大聲講出來！」冠宏乖巧的點頭，阿爸胃口大開，吃了豬腳、麵線和紅蛋。當冠宏切蛋糕時，阿爸站在冠宏後面握著冠宏小手切蛋糕，我們老老小小都唱「生日快樂」，隨即冠宏閉上眼睛說：

「我的心願，阿公身體健康，活到一百歲！」大家一起鼓掌，阿爸更是笑口閉不攏的說：

「乖孫！乖孫！」朗朗不已。

事實，我從心裡明白，阿爸心臟已肥大到左胸廓附近，肺部也明顯積水，連文彬教授預言的時間快到了。冠宏的心願只能使不知自己病況的阿爸高高興興的去美國。第二天我與憲子、三媽以及其他家人，到中正機場送行，當阿爸與弟弟中平進入機場海關關卡，望著阿爸蒼老、腳步蹣跚的背影，我內心油然有著悲切的心酸，似乎預感到不幸將要降臨。

一九八一年七月十三日的午夜，我接到姊夫邱明財從洛杉磯撥來的電話，我心中發抖，知道是不幸的信息，那頭傳來悲切的聲音。

「阿統……阿爸已於七月十三日病逝比佛利醫院，我與你瑞姊及子清、瑞麗、中平決定在此地先爲阿爸入殮。阿爸遺體和銅棺七月二十日，中平護送，可抵達台灣！阿統……」

聽到這裡，我腦海一片空白，淚水順著眼眶流下……。

七月二十日，我與憲子、冠宏、冠宇、三媽其他家人來到中正機場，迎接阿爸的靈櫬，弟弟中平走在前面，穿著喪服，捧著阿爸牌位慢步走出機場，我是長子，早即披麻戴孝跪下，從中平手中接下阿爸牌位，全家子孫護送阿爸銅棺回到中和市的老家，擇日舉行家祭、公祭追悼大奠，並請風水先生擇定墓地，使阿爸入土爲安！

阿爸去世，對我是再一次沉重打擊，十年監牢，我不但未能盡到人子孝道責任，反而使他老人家爲了我受盡折磨。在我獲得自由兩年五個月之後，阿爸結束了他七十二年多苦多難、又充滿傳奇性的一生。我呢？「樹欲靜而風不止，子欲養而親不待」，想到阿母在我四歲時急症而亡，阿爸爲子女，先後娶了二媽、三媽，八名子女教養責任，由他一肩承擔。身爲長子的我，未盡長子之責，辜負阿爸對我的期望。阿爸離開人世，使我悲切萬分，整整幾個星期，我又沉弱在酒精之中，昏昏沉沈的睡在床鋪；一切善後，都由憲子一人張羅，終使阿爸在天之靈，獲得安慰。經過一段時間，我才能振作起精神，經營中和診所，遵守阿爸遺志，將醫德擺在第一位，後來由於準備移居美國中和診所有段時間交與別的醫師。直到一九八八年一月十三日，蔣經國去世，才返回台灣，重行接辦中和診所，直到現在。

二〇〇〇年十二月七日　台北縣中和市

有人說浮生若夢，確實，回想自己六十多年的生命；似乎與阿爸有著「遺傳性」，只是我的夢不似阿爸那般苦澀。如果沒有十年牢獄之災，我的一生將比阿爸、阿母幸福得多。娶有賢淑的妻子，相夫教子。冠宏、冠宇也能出人頭地，冠宏在美國醫院擔任住院醫師，冠宇仍在醫學院求學，少女時代曾連續奪得多年少年組羽毛球全美冠軍。人生機遇對我何其幸運。只是那十年平白無辜的獄災，使我喪失應該擁有的「財富」。這「財富」不是眼睛看得到的黃金、美鈔，或是華屋良田；而是精神上的成就感。到現在雖然衣食不愁，卻有道不盡的惆悵，青壯歲月竟虛耗得一無價值。當然，從另一角度思索，十年所得應是體驗人性的光輝與醜陋，是我再三言及的。

驀然回首，往事歷歷在腦海中盤旋，每一憶及如煙似夢，再也尋覓不到絲毫痕跡，時間浪潮衝擊下，種種切切都在虛無縹緲中；但，有時在夢裡，似乎又回到牢獄內，心中焦灼一如眞實，驚醒過來一身冷汗，可見在心靈深處烙印的痕記，並不是虛無縹緲可以摔掉沉歿。

二〇〇二年三月完稿

INK PUBLISHING

People 10

生命的關懷

作　　者　陳中統
總 編 輯　初安民
責任編輯　鄭嫦娥
美術編輯　陳淑美
校　　對　陳中統

發 行 人　張書銘
出　　版　INK印刻文學生活雜誌出版有限公司
台北縣中和市中正路800號13樓之3
電話：02-22281626
傳真：02-22281598
e-mail：ink.book@msa.hinet.net
網　　址　舒讀網http://www.sudu.cc

法律顧問　漢廷法律事務所
劉大正律師
總 代 理　成陽出版股份有限公司
電話：03-2717085（代表號）
傳真：03-3556521
郵政劃撥　19000691　成陽出版股份有限公司
排　　版　陽明電腦排版股份有限公司
印　　刷　海王印刷事業股份有限公司

出版日期　2010年 12 月　初版
ISBN　978-986-6135-02-6

定價　320 元

國家圖書館出版品預行編目資料

生命的關懷

／陳中統著. - - 初版, - - 臺北縣中和市：INK印刻文學, 2010.12

264面；15×21公分. - -（People；10）

ISBN 978-986-6135-02-6（平裝）

1. 陳中統　2. 臺灣傳記

783.3886　　99022121

K INK INK INK INK INK INK
NK INK INK INK INK INK IN
K INK INK INK INK INK INK
NK INK INK INK INK INK IN
K INK INK INK INK INK INK
NK INK INK INK INK INK IN
K INK INK INK INK INK INK
NK INK INK INK INK INK IN
K INK INK INK INK INK INK
NK INK INK INK INK INK IN
K INK INK INK INK INK INK
NK INK INK INK INK INK IN
K INK INK INK INK INK INK
NK INK INK INK INK INK IN
K INK INK INK INK INK INK
NK INK INK INK INK INK IN
K INK INK INK INK INK INK
NK INK INK INK INK INK IN
K INK INK INK INK INK INK
NK INK INK INK INK INK IN
K INK INK INK INK INK INK
NK INK INK INK INK INK IN
K INK INK INK INK INK INK
NK INK INK INK INK INK IN